POLÍTICA como VOCAÇÃO e OFÍCIO

Dados Internacionais de Catalogação na Publicação (CIP)
(Câmara Brasileira do Livro, SP, Brasil)

Weber, Max, 1864-1920
 Política como vocação e ofício / Max Weber ; tradução de Gabriel Philipson. – Petrópolis, RJ : Vozes, 2020.

Título original: Politik als Beruf

4ª reimpressão, 2025.

ISBN 978-326-85-6446-4

1. Ciências 2. Ciência política 3. Política I. Título.

20-32803   CDD-320.01

Índices para catálogo sistemático:
1. Ciência política : Filosofia   320.01

Maria Alice Ferreira – Bibliotecária – CRB-8/7964

Max Weber

POLÍTICA como VOCAÇÃO e OFÍCIO

Tradução de Gabriel Philipson

EDITORA VOZES

Petrópolis

Tradução do original em alemão intitulado *Politik als Beruf*, 1919.
Traduzido a partir da edição eletrônica do Projeto Gutemberg:
https://www.projekt-gutenberg.org/webermax/polberuf/polberuf.html

© desta tradução:
2020, Editora Vozes Ltda.
Rua Frei Luís, 100
25689-900 Petrópolis, RJ
www.vozes.com.br
Brasil

Todos os direitos reservados. Nenhuma parte desta obra poderá ser
reproduzida ou transmitida por qualquer forma e/ou quaisquer meios
(eletrônico ou mecânico, incluindo fotocópia e gravação) ou arquivada em
qualquer sistema ou banco de dados sem permissão escrita da editora.

CONSELHO EDITORIAL	PRODUÇÃO EDITORIAL
Diretor	Anna Catharina Miranda
Volney J. Berkenbrock	Eric Parrot
	Jailson Scota
Editores	Marcelo Telles
Aline dos Santos Carneiro	Mirela de Oliveira
Edrian Josué Pasini	Natália França
Marilac Loraine Oleniki	Priscilla A.F. Alves
Welder Lancieri Marchini	Rafael de Oliveira
	Samuel Rezende
Conselheiros	Verônica M. Guedes
Elói Dionísio Piva	
Francisco Morás	
Teobaldo Heidemann	
Thiago Alexandre Hayakawa	

Secretário executivo
Leonardo A.R.T. dos Santos

Editoração: Ana Lucia Q.M. Carvalho
Diagramação: Sheilandre Desenv. Gráfico
Revisão gráfica: Nilton Braz da Rocha
Capa: Felipe Souza | Aspectos

ISBN 978-85-326-6446-4

Este livro foi composto e impresso pela Editora Vozes Ltda.

Observação prévia

Os pensamentos deste texto foram transmitidos por ocasião de um convite da Associação Livre Estudantil de Munique no inverno revolucionário de 1919 para uma palestra livre, carregando, por isso, ainda o caráter imediato em si da palavra falada. Essa palestra, assim como outra sobre "Ciência como vocação e ofício", era parte de um ciclo com diversos conferencistas que devia servir de guia pelas diferentes formas de atuação fundadas no trabalho intelectual à juventude licenciada do serviço militar e profundamente transtornada pela vivência da guerra e do pós-guerra. O orador organizou posteriormente suas notas para a impressão e publicou-as na forma a seguir pela primeira vez no verão de 1919.

Heidelberg, agosto de 1926.

Marianne Weber

A conferência, que devo professar por desejo dos senhores, irá necessariamente frustrá-los de diferentes modos. Em uma fala sobre a política como profissão e vocação[1] se esperaria automaticamente uma tomada de posição sobre as questões mais atuais da ordem do dia. Isso ocorrerá, no entanto, na conclusão apenas de um modo puramente formal, por ocasião de determinadas perguntas sobre o significado da ação política no interior dos modos de vida como um todo. Ficarão totalmente ausentes da conferência de hoje, contudo, todas as perguntas que se relacionam com os

---

1 *Beruf* possui o significado duplo de profissão e vocação. Assim como o famoso termo *Aufgabe* utilizado por Walter Benjamin, que significa ao mesmo tempo tarefa e renúncia, entre outros termos da língua alemã de que poderíamos nos lembrar, *Beruf* aqui é explorado por Max Weber de maneira a ressoar e intrincar-se na escala entre esses dois significados. Assim, por vezes é utilizado de maneira indiferenciada, como aqui, motivo pelo qual a opção de tradução foi ressaltar essa ambiguidade significativa do termo. Ao longo do texto Weber falará em "sentido específico" da palavra para deixar claro ao seu público se tratar do seu sentido enquanto vocação. Haverá um momento importante em sua argumentação, em que aparece a expressão *"Berufspolitiker ohne Beruf"* em que a repetição do termo *Beruf* não parece repetir o mesmo significado. Em outras palavras, não se trata de políticos profissionais sem profissão, ou vocacionados políticos sem vocação, mas de políticos profissionais sem vocação. Na maioria das outras aparições do termo, a tradução se decidiu por um ou outro significado, de acordo com o que o contexto pedia. Apenas ao final do texto o sentido forte de *Beruf* como vocação voltará com notável vigor retórico [NT].

seguintes temas: qual *política* deve se fazer, qual *conteúdo* deve se dar à sua ação política. Pois tudo isso nada tem a ver com a questão que interessa aqui: o que é e o que pode significar política como profissão e vocação – sendo assim, vamos ao tema!

O que entendemos por política? O conceito é extraordinariamente vasto e compreende qualquer forma de atividade *dirigida* de maneira autônoma. Pode-se falar da política cambial dos bancos, da política de descontos do banco imperial, da política de um sindicato em uma greve, a gente também fala da política escolar de um município ou de um distrito, da política diretora de um clube ou associação, e, finalmente, também falamos da política de uma mulher inteligente que almeja governar seu marido. Não se trata, em nossas observações, hoje à tarde, de fundamentar um conceito assim tão vasto. Nossa intenção hoje reside apenas em compreender política do seguinte modo: como a direção ou a influência na direção de uma associação *política*. Hoje, portanto, vamos compreendê-la como a influência na direção ou a direção de um *Estado*.

Mas o que é, então, a partir do ponto de vista da observação sociológica, uma associação *política*? O que é, afinal, um *Estado*? Também este não se pode definir, sociologicamente, a partir do conteúdo daquilo que ele faz. Não há quase nenhuma tarefa que uma associação política já não tenha assumido para si, embora também não exista nenhuma que se pudesse falar que lhe seria completamente própria a todo momento, ou seja, que se pudesse falar que fosse sempre *exclusivamente* de tais associações que caracterizamos como políticas – hoje as chamaremos de Estados – ou que caracterizariam historicamente as precursoras do Estado moderno. Ao contrário, só se pode definir o Estado moderno, sociologicamente, em última instância, por um *meio* que lhe é próprio, assim como a toda associação política: a violência física. "Todo Estado é fundado na violência", já o dissera Trótski em Brest-Litovski. O que de fato está certo. Se só existissem territórios sociais aos quais fosse desconhecida a violência como meio, *então* o conceito de "Estado" cessaria de existir, *então* apareceria aquilo que se poderia designar, no sentido específico de tal palavra, como "anarquia". A violência não é, evidentemente, a título de referência, o único meio ou o meio normal do Estado – não se está falando isso, mas muito mais que se trata de algo que lhe é específico. Ainda hoje a relação do Estado com a violência é especialmente íntima. No passado, as mais diversas associações – a começar pelo clã – conheceram a violência física como algo bastante normal. Hoje, contudo, precisamos dizer: o Estado é a única comunidade humana que, no interior de um determinado território – e esse elemento "território" lhe pertence de modo característico –, requer para si (com sucesso) o *monopólio da violência física legítima*. Pois o que é específico do presente é atribuir a todas as outras associações ou indivíduos o direito da violência física somente o tanto quanto a elas, de suas partes, o Estado permite: é ele que vigora como fonte única do "direito" de violência.

"Política" significaria, então, para nós: aspiração a ser parcela de poder ou a ser influência da partilha do poder, seja entre Estados, seja no interior de um Estado entre os grupos humanos nele contidos.

Isso também corresponde no essencial ao uso comum da língua. Quando se fala, diante de uma pergunta que se trataria de uma pergunta "política"; ou quando se chama um ministro ou um funcionário público de funcionários "políticos"; ou ainda, quando se afirma que uma decisão seria condicionada "politicamente", então sempre se está dizendo: para a resposta a tal questão, para a determinação da esfera de atividade de tal funcionário público ou para as condições de tal decisão são determinantes os interesses de partilha, conservação ou transposição de poder. Quem faz política aspira ao poder: poder seja

Política como vocação e ofício

como meio de atingir outros fins (ideais ou egoístas), ou como "poder pelo poder", a fim de gozar da sensação de prestígio que ele dá.

O Estado é, assim como as associações que o precederam historicamente, uma relação de *dominação* de humanos sobre humanos, sustentada por meio da violência legítima (isto é: vista como legítima). Para que exista e persista, aqueles humanos dominados precisam, portanto, se *submeter* à autoridade exigida por aqueles que, respectivamente, dominam. Quando e por que o fazem? Por quais motivações internas de justificação e por quais meios externos essa dominação se sustenta?

Há as justificações internas: as motivações de *legitimidade* de uma dominação – para começar com elas – são, em princípio, três. Primeiro, a autoridade do "eterno pretérito": o *costume* consagrado pela validez imemorial e pela postura consuetudinária por respeitá-lo – dominação "tradicional", como a exerciam o patriarca e o príncipe patrimonial de outrora. Em seguida, há também a autoridade do *dom da graça* (carisma), pessoal e extraordinário, a devoção e a confiança totalmente pessoais na revelação, no heroísmo e em outras qualidades de liderança de um indivíduo: dominação "carismática", como a exercem o profeta ou – no território do político – o príncipe da guerra eleito, o governante publicitário, o grande demagogo e o líder político do partido. Finalmente, encontramos a dominação por força da "legalidade", por força na crença na validade do *estatuto* legal e na "competência" funcional fundada pelas regras criadas de modo racional, ou seja, por força na postura de obediência no cumprimento dos deveres instituídos: uma dominação, como a exercem o "funcionário do Estado" moderno e todos aqueles que detêm poder e que àquele se assemelham nesse aspecto. Compreende-se, assim, que, na realidade, a obediência se condiciona pelos mais maciços motivos de medo e de esperança – medo da vingança do poder mágico ou do poderoso, esperança de recompensa terrena ou no além –, bem como por interesses dos mais diversos tipos. Deles falaremos em breve. Mas quando se pergunta pelas motivações de "legitimidade" dessa obediência, a gente se depara, contudo, com esses três tipos "puros". E essas representações de legitimidade e sua fundamentação interior têm enorme significado para a estrutura de dominação. Os tipos puros raramente podem ser encontrados na realidade. Mas hoje não será possível entrar nas suas variações, transições e combinações altamente intrincadas: isso pertence aos problemas da "teoria geral do Estado".

Aqui nos interessa sobretudo o segundo tipo: a dominação por força da devoção dos que obedecem ao "carisma" pessoal do "líder". Pois aqui se enraíza o pensamento da *vocação* em sua mais alta forma. A devoção pelo carisma do profeta ou do líder na guerra ou do grande demagogo na Eclésia ou no parlamento significa, com efeito, que ele é considerado como o guia "vocacionado" interiormente dos homens, que estes não se submetem a ele por força do costume ou do estatuto, mas porque acreditam nele. Ele mesmo vive suas próprias coisas, "aspira à sua obra", caso seja mais do que um arrivista mesquinho e vaidoso. A dedicação da comitiva – a juventude, o assecla ou o partidário –, contudo, se deve à sua pessoa e às suas qualidades. É nas duas figuras mais importantes do passado – a do mago e profeta, de um lado, e do príncipe de guerra, do líder de guerra, *condottiere*, designados de maneira livre, por outro lado – que a liderança se apresentou em todos os âmbitos e épocas históricas. É característico do Ocidente, contudo, o que nos diz respeito mais diretamente: a liderança *política* na figura primeiramente do "demagogo" livre, surgido no solo da cidade-Estado própria apenas ao Ocidente, sobretudo à cultura mediterrânea, e, em seguida, na do "líder do partido" no parlamento, surgido por sua vez no solo do Estado constitucional, nativo, também, apenas no Ocidente.

É evidente, contudo, que esses políticos "vocacionados", no sentido próprio da palavra não são, pois, em parte alguma as figuras determinantes no funcionamento da luta política pelo poder. Altamente decisivo é muito mais o tipo de meio auxiliar que lhes estejam à disposição. Como os poderes politicamente dominantes dão início a se afirmarem em sua dominação? A questão vale para todo tipo de dominação, portanto também para a dominação política em todas as suas formas: tanto para a tradicional como também para a legal e a carismática.

Toda operação de dominação que exija uma administração continuada necessita, de um lado, da orientação da ação humana à obediência diante daqueles que se reivindicam como portadores da violência legítima e, por outro lado, por meio dessa obediência, da disponibilização dos bens materiais necessários, em tais circunstâncias, para a realização do uso físico da violência: a equipe pessoal administrativa e os meios materiais da administração.

É claro que a equipe administrativa, que representa a operação política de dominação, assim como qualquer outra operação em sua aparência externa, não está vinculada, então, apenas por uma representação de

Política como vocação e ofício

legitimidade, sobre a qual se falava, dada pela obediência perante o poderoso detentor da violência, mas sim por dois meios que apelam ao interesse pessoal: o ordenado material e a honra social. Feudos dos vassalos, prebendas dos funcionários patrimoniais, ordenado dos servidores do Estado moderno – honra dos cavaleiros, privilégios corporativistas e classistas, bem como honra dos funcionários públicos formam a remuneração, enquanto o medo de perdê-los forma a última base decisiva para a solidariedade da equipe administrativa para com o poderoso detentor da violência. Isso também é válido para a dominação do líder carismático: são as honras de guerra e despojos – *"spoils"* – dos guerreiros, a exploração dos dominados por monopólio dos cargos da corporação, lucros e prêmios honoríficos, politicamente condicionados, para a comitiva demagoga.

Para a manutenção de tal dominação violenta é preciso certos bens materiais externos, exatamente como em outras operações econômicas. Todas as organizações estatais podem, assim, ser estruturadas segundo o seguinte critério: se estão baseadas no princípio de que cada equipe – funcionários públicos ou quem quer que possam ser – com cuja obediência o poderoso violento deve poder contar, detêm a *própria* posse do meio de administração – e sejam estes constituídos de dinheiro, construções, material bélico, veículos, cavalos ou o que mais for; ou se as equipes administrativas estão "apartadas" dos meios de administração, no mesmo sentido como hoje o empregado e o proletariado estão também "apartados", no funcionamento capitalista, dos meios de produção materiais. Se, portanto, o poderoso violento tem a administração em uma *regência* organizada por si *próprio*, administrando por servidores pessoais, funcionários empregados ou cargos de favoritos e de confiança pessoais que, por sua vez, não são proprietários, isto é, donos com seus próprios direitos dos meios materiais do empreendimento, sendo apenas dirigidos pelo senhor; ou se o contrário é o caso. Essa diferença atravessa todas as organizações administrativas do passado.

A uma associação política, na qual meios administrativos materiais estejam totalmente ou em parte na propriedade da equipe administrativa independente, gostaríamos de denominar associação estruturada "por estamentos". Na associação feudal, por exemplo, o vassalo não apenas custeava do próprio bolso a administração e a justiça do território que lhe fora conferido, como também se equipava e se aprovisionava por si mesmo para a guerra: seus subvassalos faziam a mesma coisa. Isso tinha evidentes consequências para a posição de poder do senhor, a qual repousava apenas sobre o vínculo de lealdade pessoal e sobre o fato de que tanto a posse do feudo como a reputação social do vassalo derivavam sua "legitimidade" do senhor.

Por toda parte, porém, regressando até as formações políticas mais antigas, encontramos também a própria regência do senhor. Ela ocorria através de escravos, funcionários domésticos, serviçais, "prediletos" pessoais – enfim, gente que dependia pessoalmente do senhor –, assim como por benefícios, remunerações e compensações em espécie ou em dinheiro oriundos de suas próprias reservas. Era por esses meios que ele procurava não apenas adquirir a administração com as próprias mãos, mas também custear os meios com o próprio bolso, com frutos e rendimentos do seu próprio patrimônio, bem como ainda criar um exército puramente pessoal e dependente dele, já que equipado e provisionado de seus depósitos, armazéns e arsenais. Enquanto na associação "estamental" o senhor dominava com auxílio de uma "aristocracia" autônoma, e *dividia*, portanto, com ela sua dominação, ele se sustentava aqui, tanto nos escravos domésticos como nos plebeus: ou seja, nas classes despossuídas carentes de honras sociais próprias, materialmente vinculadas totalmente a ele e desprovidas de base alguma para formar um poder próprio capaz de competir com o dele. Todas as formas de dominação patriarcal e patrimonial, o despotismo dos sultões e a ordem burocrática do Estado pertencem a esse tipo. Especialmente a ordem burocrática do Estado, ou seja, aquela que, na sua formação sumamente racional, é característica também e justamente do Estado moderno. Por toda parte, o desenvolvimento do Estado moderno passa a ser corrente ao se conduzir, pelo príncipe, a desapropriação dos portadores (que ficavam na sua proximidade) autônomos "privados" de poderes administrativos; ou seja, daqueles que possuíam meios administrativos, de guerra, financeiros ou bens utilizáveis de qualquer tipo. Todo o processo está em completo paralelo com o desenvolvimento do funcionamento capitalista pela desapropriação gradual dos produtores autônomos. Vemos no final a convergência de fato no Estado moderno de toda disponibilidade dos meios de funcionamento político em uma única ponta, não havendo mais um funcionário público sequer que seja proprietário pessoal do dinheiro que gasta, ou mesmo das construções, edifícios, reservas, instrumentos ou máquinas de guerra de que dispõe. Está completamente realizada, portanto, no "Estado" atual — e isto lhe é conceitualmente essencial — a "separação" entre a equipe administrativa (os funcionários e os trabalhadores administrativos) e os meios materiais de serviço. Aqui

Política como vocação e ofício

tem início, então, o mais moderno de todos os desenvolvimentos: a tentativa, que está ocorrendo agora, diante de nossos olhos, de expropriação desse expropriador dos meios políticos, a fim de, assim, tentar se conduzir o poder político. É a isso a que se prestou a Revolução, ao menos na medida em que, no lugar das autoridades estabelecidas, surgiram líderes que tomaram, por usurpação ou eleição, o poder de dispor da equipe diretiva política e do aparato de bens materiais, extraindo sua legitimidade – não vindo ao caso com qual direito – da vontade dos dominados. Outra questão é a de se, devido a tal sucesso – ao menos aparente –, podem alimentar com razão a seguinte esperança: de também executarem a expropriação no interior dos funcionamentos capitalistas, cuja direção, apesar das vastas analogias, se orienta segundo leis totalmente diversas das da administração política. Não nos posicionaremos hoje sobre isso. Para as nossas considerações, estabelecerei apenas o que for puramente *conceitual*: que o Estado moderno é uma associação de dominação de caráter institucional que aspira à monopolização bem-sucedida, dentro de um território, da violência física legítima como meio de dominação, reunindo, por um lado, os meios materiais de operação nas mãos de seus dirigentes, e desapropriando, por outro lado, todos os funcionários estamentais que até então, porém, possuíam tais meios por direito próprio, a fim de colocar a si mesmo no lugar deles, em sua ponta mais alta.

No transcurso desse processo político de desapropriação, então, que ocorreu, com êxito variado, em todos os países da Terra, surgiram, e justamente a serviço do príncipe, as primeiras categorias de "políticos de profissão e vocação" em um *segundo* sentido: no sentido de pessoas que não queriam ser elas mesmas senhores, como o líder carismático, mas que estavam *a serviço* dos senhores políticos. Elas se colocaram nessa luta à disposição do príncipe e, da ocupação com sua política, fizeram não apenas um modo de ganha-pão, como também um ideal de vida. Mais uma vez, *apenas* no Ocidente encontramos *esse* tipo de políticos de profissão a serviço também de outros poderes além de apenas do do príncipe. No passado, foram o seu instrumento mais importante de poder e de expropriação política.

Tornemos clara e por todos os lados inequívoca, antes de avançarmos, o estado de coisas que a existência de tais "políticos de profissão" representa. Pode-se fazer "política" – ou seja: aspirar a influenciar a partilha do poder entre e no interior do âmbito político – tanto políticos de "ocasião", como políticos profissionais que têm a política como profissão principal ou secundária, exatamente como ocorre na economia. Políticos de "ocasião" somos todos nós, sempre quando vamos às urnas ou expressamos nossa vontade de alguma outra forma semelhante: como por palmas ou protestos em uma assembleia "política", ou quando professamos um discurso "político", entre outros – e para muitos acaba aí a relação que detêm com a política. Políticos que têm a política como "profissão secundária" são hoje, por exemplo, todos esses homens de confiança e diretores de associações político-partidárias que exercem tal atividade – como em geral é a regra – apenas em caso de necessidade e nem "ganham a vida" disso, nem fazem disso "ideal de vida" em *primeira* linha. Lembremos aqui também do associado de um conselho de Estado e outras corporações de consulta e aconselhamento semelhantes, que só exercem suas funções por requerimento. Do mesmo modo, contudo, também pode-se falar aqui de camadas bastante amplas de nossos parlamentares, que atuam como políticos apenas durante as sessões. Vale dizer que, no passado, encontrávamos tais camadas entre os estamentos. "Estamentos" devemos compreender como os proprietários de próprio direito de meios materiais importantes de operações militares ou administrativas, ou ainda de poderes senhoriais de âmbito pessoal. Boa parte deles estava distante de pôr sua vida totalmente, apenas preferencialmente ou ainda mais do que ocasionalmente a serviço da política. Ao contrário, lhes interessava muito mais usar de seu poder senhorial para obterem pensões ou até mesmo lucros e apenas se tornavam ativamente políticos, no serviço da associação política, quando o senhor ou seus camaradas de estamento especialmente os exigiam. Não é de modo algum diferente, além disso, do que ocorria com uma parte das forças de auxílio a que fazia recurso o príncipe na luta pela criação de um funcionamento político próprio que deveria estar apenas à sua disposição. Têm também esse caráter os "conselhos áulicos" e, ainda mais antigos, grande parte dos que davam conselhos na "cúria" e em outras corporações a serviço do príncipe. Mas para o príncipe não era, evidentemente, o bastante essas forças de auxílio apenas ocasionais e que não exerciam tal serviço como profissão principal. Ele precisou procurar criar uma equipe que lhe dedicasse seus serviços total e exclusivamente, ou seja, como profissão *principal*. Como ele conseguiria fazer isso seria uma questão essencial e altamente decisiva para a estrutura do construto político da dinastia emergente — e não apenas para ela, como também para cunhar a cultura relativa a essa estrutura. Com ainda maior razão transpôs-se a mesma necessidade

Política como vocação e ofício

para aquelas associações políticas que, completamente à parte do poder do príncipe ou que de forma muito limitada partilhavam dele, se constituíram politicamente como (as assim chamadas) comunidades "livres" – "livre" não no sentido da liberdade em relação a uma dominação violenta, mas no seguinte sentido: faltava-lhes o poder do príncipe legitimado por força da tradição (e no mais das vezes consagrado pela religião) como fonte exclusiva de toda autoridade. Seu surgimento pode ser encontrado historicamente apenas no Ocidente. E seu germe? A cidade como associação política, a cidade como tal, que surgiu primeiramente no círculo cultural mediterrâneo. Qual é a aparência, pois, em todos esses casos, desses políticos *profissionais*?

Há dois modos de fazer da política sua profissão e vocação. É possível viver "para" a política – ou viver "da" política. A oposição não é de modo algum algo exclusivo. De modo geral, ao contrário, se faz, ao menos idealmente, mas também materialmente, os dois: quem vive "para" a política, faz "sua vida disso" em sentido *interior*: pois ou bem goza da posse pura do poder que exerce, ou bem alimenta seu equilíbrio interior e autoestima da consciência de, pelo serviço por uma "causa", dar um *sentido* à sua vida. É nesse sentido interior que todo ser humano honesto que vive para e por uma causa vive. A diferença diz respeito, portanto, a um aspecto muito mais sólido do estado de coisas: ao econômico. Vive "pela" política como profissão quem aspira a fazer disso fonte duradoura de *renda*; vive "para" a política, por sua vez, aquele para quem esse não é o caso. Para que alguém possa viver "para" a política nesse sentido econômico, devem existir previamente, sob a dominação da ordem da propriedade privada alguns, caso queiram, pressupostos muito triviais: essa pessoa precisa – em condições normais – ser independente economicamente da renda que a política pode lhe trazer. Isso significa, muito simplesmente: essa pessoa precisa ser abastada, ou então ter uma vida privada que lhe renda o suficiente. Isso ao menos em condições normais. Mas poderíamos pensar que a comitiva do príncipe de guerra provavelmente não se questiona sobre as condições normais da economia, assim como tais questionamentos também passam ao largo da comitiva do herói revolucionário. Ambos vivem de espólios, roubos, confiscos, contribuições e imposições de meios baratos de coerção de pagamentos – o que no fundo é tudo igual. Embora, então, possamos pensar isso, esses casos são, contudo, necessariamente fenômenos excepcionais: na economia cotidiana, somente o patrimônio próprio faz esse serviço. Mas não é só isso: essa pessoa precisa estar "disponível" economicamente para ele, ou seja, suas rendas não podem depender de que ela coloque, completa ou em sua maior parte, a serviço de sua profissão, constante e pessoalmente, sua força de trabalho e seu pensamento. Disponível aqui no sentido, então, de sumamente incondicionado: o pensionista, aquele, portanto, que tem uma receita absolutamente sem trabalhar, como um senhor de terra do passado, os terratenentes, latifundiários e nobres do presente, para os quais a receita está referida à terra – na Antiguidade e na Idade Média, rendas provenientes também de escravos e servos, ou então receitas provenientes de títulos e ações ou outras fontes de renda modernas semelhantes. Nem o trabalhador, *nem* – o que deve ser salientado – o empresário, e *também justamente* o grande empresário moderno, são independentes nesse sentido. Pois também e *justamente* o empresário – o industrial bem mais do que o agrário, pelo caráter sazonal da economia agrária – está comprometido com seu empreendimento, *não* podendo estar independente. Para ele, no mais das vezes, é muito difícil se fazer representar, mesmo que apenas temporariamente. Ainda menos essa pessoa pode ser, por exemplo, um médico, e quanto mais destacado e ocupado então, menos ainda. Mais fácil que seja advogado, uma vez que, por razões puramente técnico-empresariais, frequentemente já desenha um papel dominante. Vamos parar por aqui com essa casuística e passemos agora a tornar mais claras algumas consequências.

A direção de um Estado ou de um partido por pessoas que vivem exclusivamente para a política e não da política (no sentido econômico da palavra) significa necessariamente um recrutamento "plurocrático" das camadas de liderança política. Com isso não se está falando, evidentemente, o contrário: que tal direção plurocrática também significaria que a camada politicamente dominante *não* aspiraria a viver também "da" política, ou seja, que de sua dominação política não cultivassem também o interesse de tirar proveito econômico privado. Não se trata disso, absolutamente. Não houve camada que não o tenha feito de um modo ou de outro. Isso significa apenas o seguinte: que este tipo de políticos profissionais não esteja obrigado a procurar imediatamente remuneração *para* sua atividade política, como se passa com quem não é provido dos meios para isso. E, em ainda outro sentido, isso também não significa que, por exemplo, o político carente de posses teria em vista somente ou principalmente o provimento econômico privado pela política, sem pensar ou quase sem pensar na "causa". Nada seria mais injusto. Ao homem de posses, a preocupação – consciente ou inconsciente – com a "seguridade" econômica de sua existência, sabemos

Política como vocação e ofício

por experiência, é um ponto cardinal de organização de toda a sua vida. O idealismo político totalmente indiscriminado e sem pressupostos praticamente não pode ser encontrado senão justamente dentre aquelas camadas que, graças à falta de posses que lhes caracteriza, ficam de fora da conservação da ordem econômica de uma determinada sociedade: e isso vale, sobretudo, para épocas extraordinárias, ou seja, revolucionárias. Mas isso não significa senão o seguinte: que um recrutamento *não* plurocrático dos interessados políticos, da liderança e de sua comitiva está ligado ao evidente pressuposto de que tais interessados retirem rendimentos regulares e confiáveis do funcionamento político. A política pode ser conduzida ou "voluntariamente" e, então, como se costuma dizer, por pessoas "independentes", ou seja, de bens, sobretudo pensionistas. Ou, porém, sua condução torna-se acessível às pessoas sem bens que então precisam ser recompensadas por isso. O político profissional que vive *da* política pode ser gente como: o puro "prebendeiro" ou o "funcionário" assalariado. Ele então ou bem recebe rendimentos de taxas e impostos por determinados serviços – gorjetas e subornos são apenas uma variedade formalmente ilegal e por fora das regras dessa categoria de renda –, ou bem recebe um salário fixo em espécie ou em dinheiro, ou ambos.

Pode assumir o caráter de um "empresário", como o *condottiere*, o arrendatário ou aquele que compra um cargo público do passado e no presente, ou como o *boss* americano, que considera suas despesas como um investimento de capital que lhe trará rendimentos pela exploração de sua influência. Ou pode receber um salário fixo, como o redator, o secretário do partido, um ministro moderno ou funcionário político. No passado eram feudos, doações de terras e prebendas de todos os tipos, com o desenvolvimento da economia do dinheiro, contudo, passaram a ser as prebendas de gratificações a forma típica de remuneração de sua comitiva por parte dos príncipes, conquistadores vitoriosos ou chefes de partido vitoriosos; hoje são cargos de todos os tipos em partidos, jornais, cooperativas, previdência social, municípios e Estados o que é distribuído pelos líderes do partido em contrapartida à prestação fiel de serviços. Todas as disputas partidárias não são apenas disputas pelos fins da causa, mas também por isto: patronagem dos cargos. Todas as disputas entre aspirações centralistas e particularistas na Alemanha giram sobretudo em torno de quem terá suas mãos na patronagem dos cargos, se o poder de Berlim, Munique, Karlsruhe ou Dresden. Ser preterido na partilha de cargos dos partidos é percebido como pior do que ações tomadas contra os fins de sua

Política como vocação e ofício   29

causa. Uma mudança político-partidária de prefeitos, na França, era tida sempre como uma revolução maior e gerava mais ruído do que uma modificação no programa de governo, cujo significado era quase puramente fraseológico. Alguns partidos, muito especialmente os da América, são, desde o desaparecimento das antigas oposições sobre a interpretação da constituição, partidos puramente à caça de cargos, modificando seu programa segundo as chances de conseguir mais votos. Na Espanha, alteraram-se até o ano passado, na figura da "eleição" fabricada desde cima, os dois maiores partidos em turnos estabelecidos de modo convencionado, com o mero intuito de atender suas comitivas com cargos no funcionalismo público. Nas regiões colonizadas pela Espanha está em jogo, seja nas denominadas "eleições", seja nas denominadas "revoluções", sempre a manjedoura estatal na qual os ganhadores desejam se alimentar. Na Suíça, os partidos repartiram entre si os cargos de maneira proporcional, e alguns de nossos rascunhos constitucionais "revolucionários", por exemplo, o que foi instituído em primeiro por Baden, queria expandir esse sistema para as posições ministeriais, tratando assim o Estado e seus funcionários como uma instituição puramente de distribuição de prebendas. Foi sobretudo o partido do centro o entusiasta dessa proposta tornando em ponto de seu programa a partilha proporcional dos cargos e, em Baden, se deu segundo a orientação religiosa, ou seja, sem consideração alguma do resultado eleitoral de cada partido. Com o número cada vez maior de cargos como consequência da burocratização geral e do aumento da cobiça por eles como uma forma de abastecimento *seguro*, essa tendência aumenta em todos os partidos que, para suas comitivas, passam a ser tidos cada vez mais como meios para o fim de obterem um cargo.

A isso se opõe, entretanto, o desenvolvimento do funcionalismo moderno em uma classe de trabalhadores espirituais altamente qualificados e especializada por formação prévia de longa duração com um *apreço* altamente desenvolvido pelo interesse da integridade, sem a qual paira sobre nós como um destino o perigo da corrupção temível e da ignorância geral, bem como a ameaça do funcionamento do aparato estatal, cujo significado para a economia, sobretudo com uma crescente socialização, aumenta e irá continuar aumentando continuamente. Foi há tempos já muito perfurada a administração diletante por políticos de rapina, que já fez com que nos Estados Unidos, antes que se conhecesse o servidor profissional de carreira com a Reforma do Serviço Civil, centenas de milhares de funcionários, chegando até os mais ín-

Política como vocação e ofício 31

fimos carteiros, mudassem sempre que houvesse uma nova eleição presidencial. Necessidades administrativas puramente técnicas e irrefutáveis condicionaram esse desenvolvimento. Na Europa, o funcionalismo especializado pela divisão de trabalho remonta a um desenvolvimento progressivo de mais de meio século. Começaram com as cidades e senhorias italianas, passaram pelas monarquias e cidades criadas pelos conquistadores normandos. O passo decisivo ocorreu com as *finanças* dos príncipes. Com as reformas administrativas do imperador Max (Maximilian I), é possível observar quão dura era a situação para os funcionários que, mesmo sob pressão do perigo mais externo e sob dominação turca, tinham muita dificuldade para destituir as finanças das mãos do príncipe, vale dizer, das mãos menos confiáveis de todas daquele que então ainda era um cavaleiro. O desenvolvimento de técnicas de guerra condicionou os oficiais especializados, ao passo que o refinamento do procedimento jurídico condicionou os juristas instruídos. Foi nessas três áreas que o funcionalismo especializado venceu nos Estados mais desenvolvidos de modo definitivo no século XVI. Com isso, ao mesmo tempo em que ocorria a ascensão do absolutismo do príncipe em contraposição aos estamentos, tinha início a renúncia gradual de sua autocracia sobre os funcionários especializados, de modo que foi ela que pela primeira vez lhe tornou possível uma vitória sobre os estamentos.

Ao mesmo tempo em que ocorria a ascensão do *funcionalismo* especializado e instruído, se consumava também – mesmo que em passagens quase imperceptíveis – o desenvolvimento dos "*políticos* dirigentes". Evidentemente que desde sempre e no mundo todo houvera tais conselheiros efetivamente decisivos do príncipe. No Oriente, foi a necessidade de aliviar a responsabilidade pessoal do sultão no sucesso do governo possivelmente o que criou a figura típica do "grão-vizir". No Ocidente, por sua vez, foi a diplomacia, sobretudo sob influência dos relatórios das missões venezianas lidos com entusiasmo fervoroso nos círculos diplomáticos, e na época de Carlos V – a mesma de Maquiavel – que pela primeira vez foi tratada como uma arte *conscientemente* cultivada, cujos adeptos, formados pelo humanismo, se tratavam entre si como uma camada instruída, como os homens de Estado humanistas chineses da última era dos Estados independentes. A necessidade de uma administração formalmente uniforme de *toda* política, inclusive da interior, por um homem de Estado capaz de exercer liderança, surgiu de maneira definitiva e obrigatória apenas pelo desenvolvimento constitucional. Embora, é claro, até então tais personalidades individuais sempre tenham existido como conselheiros ou, antes, como líderes dos príncipes, a organização da administração pública seguira, contudo, por outros caminhos, mesmo nos Estados mais avançados. Surgiram os *colegiados*, repartições públicas supremas. De acordo com a teoria e, cada vez menos, com a prática, reuniam-se sob presidência pessoal do príncipe, que, por sua vez, tomava a decisão. Por esse sistema colegiado, que conduzia a pareceres, contrapareceres e votos motivados por maioria e minoria, e além disso, pelo fato de que o príncipe se cercava dos funcionários oficiais mais elevados de que tinha confiança por motivos puramente pessoais – o "gabinete" – e, desse modo, dava suas decisões sobre as deliberações do conselho de Estado (ou qualquer que seja o nome do órgão de Estado mais elevado), procurava o príncipe, cada vez mais se vendo na condição de diletante, se eximir do peso inevitavelmente crescente da especialização dos funcionários, e manter em suas mãos a direção suprema: houve por toda parte essa luta latente entre funcionalismo especializado e autocracia. A situação apenas se modificaria em face dos parlamentos e as aspirações ao poder dos líderes dos seus partidos. Condições muito diversas levaram, entretanto, ao mesmo resultado externo. Evidente que com certas diferenças. Ali onde as dinastias conservavam em suas mãos o poder real –

como na Alemanha –, os interesses do príncipe se ataram de modo solidário com os do funcionalismo *contra* o parlamento e sua aspiração ao poder. Os funcionários tinham interesse que até mesmo as posições diretivas, ou seja, os postos ministeriais, fossem ocupados pelas suas fileiras, ou seja, se tornassem objetos da ascensão dos funcionários. O monarca, de sua parte, tinha interesse de que os ministros pudessem ser nomeados, segundo seu critério, das fileiras dos funcionários que lhe eram dedicados. A ambas as partes, contudo, interessava que a condução política confrontasse o parlamento de modo uniforme e conjunto, ou seja: interessava-lhes que o sistema colegiado fosse substituído por um único chefe de gabinete. Com o intuito de se manter à parte, de modo puramente formal, da luta e dos ataques dos partidos, o monarca necessitava de uma pessoa única que lhe protegesse da responsabilidade, quer dizer, que lidasse com os partidos e se postasse diante do parlamento, enfrentando-o. Todos esses interesses juntos atuam aqui na mesma direção: o surgimento de um ministro-funcionário que liderasse de modo conjunto e unificado. Ainda mais forte na direção da unificação foi a atuação do desenvolvimento do poder do parlamento ali onde este venceu e se impôs – como na Inglaterra – perante o monarca. Aqui se desenvolveu o "gabinete" com o líder unificado

Política como vocação e ofício

do parlamento, o *"leader"*, na ponta, como estando excluído do poder e ignorado pelas leis oficiais, mas como o único poder politicamente decisivo de fato: o *partido* que estivesse respectivamente de posse da maioria. Os corpos colegiados oficiais não eram órgãos como tais do poder realmente dominante: do partido, e não podiam, portanto, ser os portadores do governo na realidade. Para poder afirmar no interior seu poder e exercer uma grande política exterior, um partido dominante necessita, ao contrário, de um órgão potente, que fosse possível confiar em suas negociações e que estivesse composto apenas de homens que realmente fossem suas lideranças: necessitava precisamente de um gabinete, mas, sobretudo, de um líder que pudesse se responsabilizar por todas as decisões do gabinete perante o público, sobretudo perante o público parlamentar: necessitava, pois, de um chefe de gabinete. Esse sistema inglês foi, então, na figura dos ministérios parlamentares, adotado no continente, e apenas na América e nas democracias influenciadas por ela se opôs a ele um sistema bastante heterogêneo, no qual, por eleições populares diretas, o líder escolhido do partido vencedor fica no topo do aparato de funcionários por ele nomeados, estando vinculado à aprovação do parlamento apenas em questões orçamentárias e legislativas.

O desenvolvimento da política em uma "empresa", requerendo uma especialização na luta pelo poder e em seus métodos, do mesmo modo como tal luta também gerou um desenvolvimento dos partidos, condicionou, então, o divórcio dos funcionários públicos em duas categorias não tão rígidas, mas claramente distintas: de um lado, funcionário especializado e, de outro, "funcionário político". Os funcionários "políticos" no sentido autêntico da palavra são reconhecíveis exteriormente segundo a regra de que a qualquer momento e arbitrariamente podem ser transferidos, demitidos ou, contudo, "postos à disposição", como é o caso dos prefeitos franceses e dos funcionários que a ele se assemelham de outros países, que estão em rígida oposição perante a "independência" dos funcionários com funções judiciárias. Na Inglaterra, são funcionários políticos aqueles que, por convenção estabelecida, na ocasião de uma mudança de maioria do parlamento e, portanto, do gabinete, divorciam-se do funcionalismo. Costumam ser contados também entre os funcionários políticos especialmente aqueles cuja competência compreende encarregar-se da "administração interna" em geral; e o que há de "político" aí é sobretudo a tarefa de conservação da "ordem" no país, quer dizer: das relações existentes de dominação. Na Prússia, segundo o decreto de Puttkamer de 1882, esses

Política como vocação e ofício 37

funcionários têm o dever, caso queiram evitar reprimendas, de "representar a política do governo", e foram utilizados, como os prefeitos na França, como aparato do funcionalismo público para influenciar as eleições. No sistema alemão – ao contrário do que ocorre em outros países –, a maioria dos funcionários "políticos" partilhava da mesma qualidade dos outros funcionários, na medida em que a obtenção desses cargos também estava vinculada à titulação acadêmica, às provas de capacitação específicas e a um determinado tempo de serviço. Apenas os ministros, os chefes do aparato político, escapam, entre nós, dessas características específicas do funcionalismo moderno. No Antigo Regime, por exemplo, era possível ser ministro da educação na Prússia sem ter atendido sequer uma vez uma instituição de ensino superior, enquanto, por princípio, só se podia ser conselheiro quem tivesse sido aprovado em avaliações prescritas. É evidente que o chefe de seção e o conselheiro especializados eram infinitamente mais informados a respeito dos problemas técnicos próprios de sua área do que seu chefe – basta lembrar de Althoff no ministério da educação prussiano. Nada diferente do que ocorria na Inglaterra. Por consequência disso, os funcionários eram também quem tinham poder para agir diante das necessidades cotidianas. E isso não era nada contraditório. O ministro era justamente o representante *político* da constelação de poder, tendo que atuar como representante de medidas políticas e que se atracar nas sugestões dos funcionários especializados a ele subordinados ou que lhes dar as diretivas do tipo político correspondentes.

Tudo isso é bastante semelhante com o que ocorre em uma empresa privada: o "soberano" propriamente dito, a assembleia de acionistas, é tão pouco influente na direção da empresa como um "povo" regido por um funcionário especializado, e as personalidades decisivas para a política da empresa, o "conselho administrativo" comandado pelos bancos, fornecem apenas as diretivas econômicas e selecionam as personalidades para a administração, sem que, contudo, estejam capacitados tecnicamente eles mesmos a fazer com que a empresa funcione. Nessa medida, a estrutura atual do Estado revolucionário também não significou nenhuma novidade fundamental, já que entregaram o poder sobre a administração a completos diletantes somente pelo fato de que dispunham de metralhadoras, não se utilizando dos funcionários especializados senão como mãos e cabeças executivas. As dificuldades de tal sistema atual residem em outro ponto, mas sobre isso não devemos lidar hoje.

Pelo contrário, nos perguntamos então pela particularidade, aquilo que é típico, dos políticos vocacionados e dos profissionais, ou seja, aquilo que é típico tanto do "líder" quanto de sua comitiva. Ela tem se alterado e hoje está bastante diferente.

"Políticos profissionais" desenvolveram-se, como vimos, no passado na luta do príncipe com os estamentos a serviço do príncipe. Vejamos brevemente seus tipos principais.

O príncipe apoiou-se, contra os estamentos, em camadas politicamente utilizáveis de caráter não estamental. Antes de mais nada, no clérigo: e o encontramos na Índia Ocidental e Oriental, na China e no Japão budistas, na Mongólia lamaísta, bem como nas regiões cristãs da Idade Média. Tecnicamente porque dominavam a escrita. Em todos os lugares a importação de brâmanes, padres budistas, lamas e a utilização de bispos e padres como funcionários públicos ocorrera sob o ponto de vista de receber forças administrativas capazes de ler e escrever e que pudessem ser utilizadas na luta do imperador, do príncipe ou do *khan* contra a aristocracia. Os clérigos, sobretudo os celibatários, ficavam de fora da engrenagem dos interesses políticos e econômicos normais e não caíam em tentação de ansiar pelo poder político próprio contra seu senhor, como ocorre com o vassalo. Ele se mantinha "separado" dos meios do funcionamento da administração do príncipe por suas próprias qualidades de classe.

Uma segunda classe de tal tipo eram os literatos de formação humanística. Havia um tempo em que se aprendia a discorrer em latim e fazer versos em grego com o propósito de se tornar conselheiro político, e sobretudo autor das memórias de um príncipe. Esses eram os tempos da primeira floração das escolas humanistas e das fundações principescas de professores de "poética": uma época que passou rapidamente para nós, mas que mesmo assim teve um efeito duradouro sobre nosso sistema de ensino, embora politicamente não tenha tido nenhuma consequência profunda. Ao contrário da Ásia Oriental. O mandarim chinês é, ou melhor, era originalmente bem próximo daquilo que o humanista era em nossa Renascença: um literato humanista instruído e treinado pelos monumentos linguísticos do passado remoto. Se vocês forem ler o diário de Li Hung Tshang, descobrirão que aquilo que lhe causava maior orgulho era fazer poesias e ser um bom calígrafo. Essa camada, com suas convenções desenvolvidas na Antiguidade chinesa, determinou todo o destino da China, e talvez nosso destino seria parecido, caso os humanistas, de sua parte, tivessem tido a mínima chance de se imporem com igual sucesso.

A terceira camada era: a nobreza da corte. Depois de conseguir alienar a nobreza de seu poder político de classe, o príncipe a transferiu para a corte e utilizou-a no serviço político e diplomático. A mudança radical de nosso sistema de ensino no século XVII foi condicionada pelo fato de os lugares dos literatos humanistas passarem a ser ocupados pelos políticos profissionais a serviço do príncipe, originários na nobreza da corte.

A quarta categoria era uma criação especificamente inglesa: um patriciado que abrangia a pequena nobreza e os rentistas das cidades, tecnicamente chamada de *"gentry"*: uma camada aduzida primeiramente pelo príncipe contra os barões e colocada de posse das repartições do *"self-government"* para depois, aos poucos, tornar--se independente. Ela se manteve de posse de todas as repartições das administrações locais, na medida em que as assumiram gratuitamente apenas pelo interesse de seu próprio poder social. Com isso, puderam resguardar a Inglaterra da burocratização a que se destinaram todos os Estados europeus do continente.

Uma quinta camada foi característica ao Ocidente, sobretudo na Europa Continental e teve significado decisivo para toda a sua estrutura política: os juristas formados nas universidades. Em nenhum outro ponto mostra-se tão claramente a poderosa influência do direito romano, tal como este se transformara durante o Estado burocrático do Império Romano tardio, do que nisto: que foram os juristas universitários que em toda parte revolucionaram o funcionamento político no sentido do desenvolvimento do Estado racional. É o que aconteceu também na Inglaterra, embora ali a grande corporação nacional dos juristas na verdade dificultou e impediu a recepção do direito romano. Não se encontra em nenhuma outra parte da Terra uma analogia para isso. Nem as abordagens da escola indiana de pensamento jurídico Mimamsa, nem o longo cultivo do pensamento jurídico islâmico antigo puderam impedir a propagação das formas de pensamento teológicas no pensamento jurídico racional. Foi particularmente o procedimento processual que não foi completamente racionalizado. Essa racionalização só pode ocorrer pela adoção da antiga jurisprudência romana pelos juristas italianos, produto de uma criação política de caráter muito singular que nasce como cidade-Estado para se converter em um Império mundial, bem como pela adoção do *usus modernus* dos pandectistas e canonistas da Idade Média tardia e das teorias de direito natural nascidas do pensamento ju-

Política como vocação e ofício

rídico cristão e depois secularizadas. Foi no potentado italiano, nos juristas do rei, na França, que criaram os meios formais para que o rei minasse a dominação dos senhores, nos canonistas e nos teólogos do pensamento do direito natural do conciliarismo, nos juristas da corte e nos juízes instruídos dos príncipes continentais, nos doutrinadores holandeses do direito natural e monarcômaco, nos juristas da coroa e do parlamento, na Inglaterra, na *noblesse de robe* do parlamento francês, e, finalmente, nos advogados dos tempos da Revolução, que esse racionalismo jurídico teve seus maiores representantes. Sem ele é impensável o surgimento do Estado absoluto, e menos ainda da Revolução. Considerem as reconvenções do parlamento francês ou os *Cahiers de Doléances* dos Estados Gerais, na França do século XVI até o ano de 1789 e encontrarão o seguinte: espírito jurídico. E se examinarem com cuidado qual era a profissão dos membros da convenção francesa, descobrirão lá, embora eleitos segundo o mesmo direito eleitoral, um ou outro proletariado e quase nenhum empresário burguês em contraste com um amontoado de juristas de todos os tipos sem os quais seria completamente impensável o espírito específico que animou esses intelectuais radicais e seus projetos. O advogado moderno e a democracia moderna pertencem-se completamente um ao outro – e advogado, em nosso sentido, como um estamento independente, existem, repito, apenas no Ocidente, desde a Idade Média, onde se desenvolveram a partir da figura do "intercessor" do procedimento processual germânico sob a influência da racionalização do processo.

O significado dos advogados na política ocidental desde o aparecimento dos partidos não é nada fortuito. O funcionamento político por partidos significa justamente o seguinte: funcionamento por interessados — veremos em breve o que isso quer dizer. E conduzir um caso para interessados de maneira eficaz é o metiê do advogado de defesa. Nisso ele é superior a qualquer "funcionário" – foi o que a superioridade da propaganda política inimiga pôde nos ensinar. É indiscutível que ele pode conduzir de modo vitorioso, ou seja, tecnicamente "bem", um caso valendo-se de argumentos logicamente fracos e, nesse sentido, um caso "ruim". Mas também apenas ele conduz um caso valendo-se de argumentos logicamente "fortes", e, nesse sentido, um caso "bom". O funcionário como político muito frequentemente faz apenas com que casos nesse sentido "bons" tornem-se "ruins" ao conduzi-los de modo tecnicamente "ruim": foi o que tivemos que experimentar. Pois a política tem sido conduzida na esfera pública atualmente em grande medida por meio da palavra escrita e falada. E equacio-

Política como vocação e ofício

nar sua efetividade está no círculo de atividades mais próprias dos advogados, ficando totalmente de fora da dos funcionários especializados, que estão longe de serem demagogos, e até mesmo de deverem ser segundo sua finalidade, de modo que quando, mesmo assim, um deles intenta ser demagogo, ele costuma tornar-se um dos piores.

De acordo com a sua própria profissão e vocação – e isso é decisivo para o julgamento de nosso regime anterior –, o autêntico funcionário não deve fazer política, mas "administrar", sobretudo de modo *apartidário* – e isso vale também para o assim chamado funcionário "político" administrativo, ao menos de modo oficial enquanto não estiverem em questão as "razões de Estado", ou seja, os interesses de vida da ordem dominante. O autêntico funcionário deve cumprir seu dever *sine ira et studio*, "sem ódio e parcialidade". Ele não deve fazer, portanto, justamente o que o político, o líder, assim como sua comitiva devem fazer sempre e necessariamente: *lutar*. Pois tomar partido, lutar, e ter paixão – *ira et studium* – são o elemento do agente político. E acima de tudo: do *líder* político. *Sua* agência está regida por um princípio totalmente diferente e até mesmo oposto de *responsabilidade* em relação ao do funcionário. A honra do funcionário é a capacidade de executar um comando com sabedoria e de modo rigoroso sob responsabilidade do comandante, mesmo quando a autoridade superior insiste em um comando que lhe pareça falso e, à revelia de suas próprias ideias, fazê-lo como se correspondesse às suas próprias convicções: sem essa disciplina e autonegação éticas no mais alto sentido, desmoronaria todo o aparato. A honra do líder político, ou seja, do dirigente estadista é, ao contrário, assumir de modo exclusivo a *própria* responsabilidade por aquilo que ele faz sem poder nem dever recusá-la ou mesmo transferi-la. É justamente essa natureza eticamente superior do funcionário que os torna políticos ruins, irresponsáveis, sobretudo no conceito político da palavra, e, nesse sentido, eticamente inferiores – do tipo que infelizmente cada vez mais vemos ocupar as posições de liderança, o que nós chamamos de "dominação do funcionalismo" e que, em verdade, não se macula a honra de nosso funcionalismo, quando avaliamos que, do ponto de vista do sucesso, esse sistema está politicamente exposto. Mas voltemos mais uma vez aos tipos das figuras políticas.

O "demagogo" é, desde o Estado constitucional e, de modo completo, desde a democracia, o tipo do líder político do Ocidente. O retrogosto desagradável da palavra não deve fazer com que se esqueça de que não foi Cléon, mas sim Péricles quem primeiro portou

Política como vocação e ofício

esse nome. Sem cargo ou confiado com o único cargo eleito – em oposição a todos os outros cargos da democracia antiga que eram decididos pela sorte: o do sumo estrategista, ele dirigiu a Eclésia soberana do demos de Atenas. É possível afirmar-se que a demagogia moderna também sirva do discurso, até mesmo com uma abrangência quantitativamente descomunal, se pensarmos nos discursos eleitorais dos candidatos modernos. Mas de modo ainda persistente se utiliza do discurso impresso. O publicista político, sobretudo o *jornalista,* é hoje o representante mais importante dessa espécie.

Ainda se quiséssemos apenas esboçar a sociologia do jornalismo político moderno, isso seria impossível no âmbito desta conferência e mereceria capítulos inteiros para cada um de seus aspectos. Tratemos apenas de algumas coisas que não podemos deixar de fora aqui. O jornalista partilha o mesmo destino de todos os demagogos e, verdade seja dita – ao menos na Europa continental em oposição à situação na Inglaterra e, anteriormente, na Prússia –, também dos advogados (e dos artistas): carecem de classificação social fixa. Pertence a uma espécie de casta pária que é estimada socialmente na "sociedade", sempre segundo seus representantes eticamente mais inferiores. São correntes, assim, ideias estranhas sobre os jornalistas e seu trabalho. Não é qualquer pessoa que tem presente para si que uma obra jornalística realmente *boa* requer ao menos *tanto* "espírito" quanto qualquer outra erudita – sobretudo em consequência da necessidade imediata de produzir, de atender demandas, de precisar surtir *efeito* imediato (condições claramente bem diversas das da criação). Quase nunca se dá valor ao fato de que a responsabilidade aqui é muito maior, e que o *sentimento* de responsabilidade de um jornalista respeitável em média no mínimo não é menor do que a do erudito – mas sim maior, como a guerra nos ensinou –, e não se dá valor porque naturalmente apega-se em suas memórias justamente as obras jornalísticas *irresponsáveis* por conta de seu efeito catastrófico. Ninguém acredita, enfim, que a discrição dos jornalistas diligentes em média é maior do que a de outras pessoas. E, contudo, é isso que acontece. As tentações incomparavelmente muito mais duras dessa profissão, bem como as demais condições da atividade jornalística na atualidade produzem as consequências que fizeram com que o público considerasse a imprensa com um misto de desprezo e covardia lamentável. Hoje não será possível tratar do que se deve fazer em relação a isso. Aqui nos interessa a questão do destino da profissão *política* dos jornalistas e suas chances de serem exitosos em posições de liderança política. Até agora, apenas nos partidos social-democratas isso era propício. Mas, dentro deles, os cargos de redator tinham muito predominantemente o caráter de um cargo de funcionário, não sendo, contudo, a base para se alcançar um cargo de *liderança*.

Nos partidos burgueses como um todo, as chances de ascender ao poder político por esse caminho têm mais bem piorado do que o contrário em comparação com as da geração anterior. É evidente que todo político necessita significativamente da influência e das relações de imprensa. Mas que o *líder* partidário saia das fileiras da imprensa era uma exceção completa – e não se deve criar expectativa quanto a isso. A razão disso reside na "indisponibilidade" cada vez mais crescente dos jornalistas, sobretudo dos jornalistas sem bens e, portanto, vinculados profissionalmente, condicionados pelo aumento monstruoso da intensidade e da atualidade da atividade jornalística. A necessidade de trabalhar durante o dia todo ou mesmo de escrever artigos semanais agarra-se como um grilhão aos políticos e conheço até alguns exemplos de pessoas inclinadas naturalmente para a liderança que foram paralisadas em sua ascensão ao poder por meio disso de maneira externa, mas sobretudo interna. Seria um capítulo à parte o fato de que as relações da imprensa com os poderes dominantes no Estado e nos partidos eram os mais nocivos possíveis no antigo regime para o nível do jornalismo. Essas relações eram diferentes nos países inimigos. Mas neles também – e em todo Estado moderno – parece valer a sentença: o trabalhador periodista tem tido cada vez menos influência política, enquanto o magnata capitalista da imprensa – do tipo de um *"Lorde"* Northcliffe – cada vez mais.

Entre nós, contudo, os grandes consórcios capitalistas de imprensa, que se apoderaram principalmente dos jornais de "pequenos anúncios" e de "anúncios gerais", os *General-Anzeiger*, pela regra eram os típicos cultivadores da indiferença política. Pois nada tinham a ganhar com a política autônoma, e ainda poderiam perder a boa vontade, útil ao comércio, dos poderes politicamente dominantes. O negócio de anúncios é também o caminho pelo qual, durante a guerra, se fez a tentativa de influenciar em grande estilo a política da imprensa e, agora, parece que se quer dar prosseguimento a isso. Se é possível esperar que a grande imprensa possa privar-se disso, é muito pior a situação para os pequenos periódicos. De qualquer modo, atualmente entre nós, entretanto, a carreira profissional do jornalismo, por maior que seja sua atração e sua capacidade de influenciar e de ter efeito na realidade, bem como, sobretudo por maior que seja sua responsabilidade política, não é – e

Política como vocação e ofício   51

talvez seja preciso esperar para dizer se não mais ou se
ainda não – um caminho normal de ascensão de líderes
políticos. É difícil de se afirmar se a tarefa do princípio
de anonimato que alguns jornalistas (não todos) têm por
correto seria modificável. O que vivenciamos durante
a guerra na imprensa alemã, o fato de na "direção"
dos jornais estarem personalidades com um talento
especial para a escrita que assinavam sempre com seus
próprios nomes, nos mostrou em alguns casos famosos,
infelizmente, o seguinte: que um sentimento alto de
responsabilidade *não* é, de modo nem tão seguro como
se poderia esperar, cultivado por essas vias. Eram em
parte – sem distinção de partidos – justamente os jornais
de Boulevard de pior fama que aspiravam e conseguiram
com isso um aumento de mercado. Tais senhores, os edi-
tores, bem como jornalistas sensacionalistas, ganharam
fortuna – honra certamente é que não. Isso não deve
dizer nada, então, contra o princípio: a questão é bem
intrincada e tal fenômeno não vale também como algo
universal. Mas *até aqui* este não foi o caminho para a
liderança autêntica ou para o funcionamento *responsável*
da política. Como continuarão se constituindo daqui
para frente as relações, é algo que devemos aguardar
para considerar. Sob todas as circunstâncias, a carreira
jornalística permanece, contudo, um dos caminhos mais

importantes da atividade política profissional. Mas um caminho que não é para todos. Menos ainda para os de caráter fraco, em especial aqueles que conseguem afirmar sua justiça interior apenas em uma situação de classe assegurada. Mesmo que a vida do jovem erudito dependa da sorte, existem em torno dele convenções de classe asseguradas que o ajudam a não sair dos trilhos. A vida do jornalista, contudo, é, em todos os aspectos, sorte pura, e até mesmo sob condições que colocam a segurança interior em um tipo de provação que nenhuma outra situação é capaz de colocar. As experiências muito frequentemente amargas na carreira não são talvez nem o pior. É justamente ao jornalista bem-sucedido que são postas exigências internas especialmente difíceis. Não é pouca coisa frequentar o salão dos poderosos da Terra aparentando estar no mesmo pé de igualdade e, em geral, receber lisonjas gerais, pois receosas, e saber que, mal tenha saído pela porta, talvez o anfitrião tenha que se justificar com seus convidados por seu trânsito com os "moços da imprensa" – assim como também não é nenhuma mixaria ter que se expressar, prontamente e de maneira convincente, sobre tudo e cada uma das coisas que o "mercado" agora exige ou sobre todos os problemas pensáveis da vida, sem cair apenas em absoluta superficialidade, mas também, sobretudo sem cair

Política como vocação e ofício

na indignidade do exibicionismo e suas consequências inexoráveis. E não é espantoso que existam tantos jornalistas desprezíveis e humanamente fora dos trilhos, mas sim que, apesar de tudo, essa classe encerre em si um número maior do que quem vê de fora supõe de pessoas valiosas, de autênticos seres humanos.

Enquanto o jornalista como um tipo de político profissional remonta a um passado já bastante considerável, a figura do *funcionário do partido* remonta apenas a um passado recente que corresponde somente ao desenvolvimento das últimas décadas e, em parte, dos últimos anos. Precisamos nos dedicar a uma observação dos partidos e suas organizações para compreender conceitualmente essa figura em seu desenvolvimento histórico.

Em todas as associações políticas extensas de qualquer que seja o modo e com eleições periódicas para a escolha dos detentores do poder, ou seja, que excedem o território e o círculo de tarefas de pequenos cantões rurais, o político funciona, necessariamente, *movido pelos interessados*. Isso significa que um número relativamente pequeno de pessoas primariamente interessadas na vida política, ou seja, em participar do poder político, cria para si uma comitiva através da livre-propaganda, apresentando a si mesmo ou a seus protegidos como candidatos eleitorais, que reúnem meios monetários e vão à caça de votos. É inimaginável como se poderiam realizar eleições nessas grandes associações sem que seja por esse funcionamento. Do ponto de vista prático, significa a clivagem do cidadão com direito de votar em elemento politicamente ativo e passivo, e, uma vez que essa diferença repousa em seu caráter de livre-escolha, então esta não pode ser suprimida por nenhuma medida, como, por exemplo, a obrigatoriedade de voto, a representação "profissionalizada" ou coisas do tipo, voltadas expressamente ou de fato contra essa tipicidade e, com isso, contra a dominação do político profissional. A liderança e a comitiva, como elementos ativos da propaganda livre para a eleição da comitiva e, por vias indiretas, por meio disso, para a eleição do líder, são elementos necessários da vida de todo partido. O que difere é a estrutura. Os "partidos" das cidades medievais, por exemplo, como os guelfos e gibelinos, eram comitivas puramente pessoais. Quando se observa o *Statuto della parte Guelfa*, o confisco dos bens dos *nobili* (ou seja, de todas as famílias que originalmente levavam uma vida de cavalheiros, em outras palavras, que podiam receber um feudo), sua exclusão de cargos e de direitos de voto, os comitês partidários intralocais, as organizações militares severas e suas premiações para

Política como vocação e ofício

quem fizesse denúncias, então acabamos nos lembrando do bolchevismo com seus sovietes, com suas organizações de militares e – sobretudo na Rússia – de espiões rígidas, com o desarmamento e a supressão dos direitos políticos do "burguês", ou seja, dos empresários, comerciantes, rentistas, eclesiásticos, descendentes da dinastia, agentes policiais e seus confiscos. E essa analogia mostra-se ainda mais espantosa quando percebemos que, de um lado, a organização militar de todo partido medieval era formada puramente por cavalheiros com base nas matrículas dos feudos e que os nobres assumiam quase todas as posições de liderança; enquanto de outro, os sovietes, contudo, preservaram, ou melhor, reintroduziram os empresários bem pagos, o salário por ajuste, o sistema de Taylor, a disciplina militar e fabril, sustentando-se pela busca por capital estrangeiro; em uma palavra, portanto, causa um enorme espanto perceber que tiveram que adotar completamente *todas* as coisas combatidas por eles como orientação da classe burguesa com o intuito mesmo de obter e conservar o funcionamento do Estado e da economia, e que tiveram que por em funcionamento como instrumento principal de seu poder e de sua violência estatal os agentes da antiga polícia secreta czarista, a Ochrana. Aqui, entretanto, não temos que ver com tais organizações violentas e sim com políticos profissionais, aspirantes do poder pela propaganda sóbria e "pacífica" dos partidos no mercado eleitoral.

Esses partidos, em sentido ordinário, eram também, em primeiro lugar, por exemplo, na Inglaterra, pura comitiva de aristocratas. A cada mudança de partido de um nobre por qualquer razão que fosse, todos aqueles que dependiam dele também se convertiam para o partido oposto. As grandes famílias do nobre, e não menos as do rei, tinham, até a reforma fiscal de 1832, a *Reformbill*, a patronagem de inúmeros círculos eleitorais. Esses partidos de nobres se parecem com os partidos dos notáveis, tal como estes em geral desenvolveram-se com o surgimento do poder da burguesia. Os círculos de "formação e propriedade" sob liderança espiritual das típicas camadas de intelectuais do Ocidente dividem-se em três partes: segundo interesses de classe, por tradição familiar e, por fim, condicionadas puramente de modo ideológico, em partidos que conduziam. Eclesiásticos, docentes, professores, advogados, médicos, farmacêuticos, agricultores com posses, fabricantes – na Inglaterra toda classe computada entre os *gentlemen* – formavam em um primeiro momento associações de ocasião, quando muito, clubes políticos locais; em tempos agitados, inscrevia-se também a pequena burguesia, vez ou outra o proletariado quando o líder os insurgia, mesmo que

Política como vocação e ofício   57

este não procedesse, na regra, de seu meio. Nesse estágio ainda não existiam partidos organizados de maneira intralocal na condição de associações duradouras atuantes país afora. A coesão só ocorria pelos parlamentares: era decisiva para escolha das candidaturas, nesse sentido, os notáveis de cada localidade. Os programas surgiam parte pela campanha dos candidatos, parte com base em congressos de notáveis ou em decisões de partidos parlamentares. A administração dos clubes ou onde estes não existiam (o que era a maioria dos casos), a gestão totalmente sem forma do funcionamento político vigorava, extraoficial ou voluntariamente, como trabalho de ocasião por parte dos poucos que se interessavam de modo prolongado em tempos normais; apenas o jornalista é político profissional pago, apenas o jornal funciona, em geral, de maneira política e continuada. Ao lado dele, apenas a sessão do parlamento. Embora os parlamentares e os líderes parlamentares de partido soubessem a qual notável de cada localidade dirigir-se quando uma ação política se mostrasse desejável, apenas nas grandes cidades havia permanentemente associações de partidos com colaborações massivas de seus membros, bem como reuniões e assembleias públicas para que os parlamentares dessem satisfação e notícia de seus afazeres. Vida, mesmo, só havia em período eleitoral.

O interesse dos parlamentares na possibilidade de compromisso eleitoral intralocal e na contundência de programas unitários, reconhecidos por vastos círculos por todo o país, e na agitação homogênea no país afora formou a força motriz da fusão sempre tensa dos partidos por todo o país. Mas permanece imutável, em princípio, o caráter de associação de notáveis do aparato partidário, mesmo se estendendo pelo país uma rede de associações partidárias locais e de "homens de confiança" nas cidades nodais e em suas cercanias, por meio da qual um membro do partido do parlamento pode estar em constante correspondência com o dirigente do escritório central do partido. Ainda não existiam funcionários pagos fora dos escritórios centrais: eram, sem exceção, pessoas "bem-vistas" que, pelo apreço de que gozam, dirigiam as associações locais: eram os "notáveis" extraparlamentares que exercem influência ao lado da camada de notáveis políticos, deputados, quando passam a sentar nas cadeiras do parlamento. O alimento espiritual da imprensa e das assembleias locais cria, contudo, cada vez mais correspondências partidárias. Contribuições regulares dos membros tornam-se imprescindíveis: uma fração delas deve cobrir os custos da central. É nesse estágio que a maioria das organizações partidárias alemãs estava até há pouco tempo.

Em toda a França reinava em parte ainda o primeiro estágio: a fusão altamente instável dos parlamentares com os notáveis locais, um pequeno número país a fora, gerando programas montados pelos candidatos ou, em casos excepcionais, por seus patronos por solicitação daqueles, com base ora mais, ora menos, local nas resoluções e programas dos parlamentares. Apenas em parte esse sistema quebrou-se. O número de políticos que tinham a política como profissão principal era baixo e era composto essencialmente de deputados votados, dos poucos empregados da central, jornalistas e, na França, além disso, dos "caçadores de cargos" ocupando um dos "postos políticos" ou momentaneamente aspirando a um. Formalmente, a política era então, de maneira preponderante, um trabalho secundário. Até mesmo o número de deputados "ministeriáveis" era bastante limitado, embora também o fosse o de candidatáveis, devido ao seu caráter de notáveis. Era grande, contudo, o número de interessados, direta ou indiretamente – mas, sobretudo materialmente –, no negócio político. Pois todas as medidas de um ministério e, sobretudo, todos os despachos de questões pessoais promulgavam-se sob concorrência de questões a respeito de sua influência nas chances eleitorais, e se tentava realizar todo e qualquer tipo de desejo por intermédio dos deputados locais, a quem o ministro, caso aquele pertencesse à sua maioria (a que todos, portanto, aspiravam), deveria, bem ou mal, dar ouvido. Era o deputado singular que detinha o patronato de cargos e todo tipo de patronagem em geral de todos os negócios de seu círculo eleitoral, mantendo de sua parte, assim, para ser novamente eleito, conexão com os notáveis locais.

A essa situação idílica da dominação dos círculos de notáveis, e sobretudo dos parlamentares, opõem-se então, de modo acentuadamente divergente, as formas mais modernas de organização partidária. São filhas da democracia, dos direitos de voto das massas, da necessidade de propaganda e da organização de massas, do desenvolvimento de uma unidade suprema de direção e da mais severa disciplina. Cessou a dominação dos notáveis e o controle dos parlamentares. Políticos que têm a política como "profissão principal" *fora* do parlamento passam a pôr suas mãos no negócio. Ou como "empresários" – como o chefe americano e o *"election agent"* inglês eram –, ou como funcionários com salário fixo. Ocorre formalmente uma ampliação da democratização. Não é mais a fração do parlamento que cria o programa com as medidas, assim como também não são mais os notáveis de cada lugar que escolhem os candidatos com suas próprias mãos, mas assembleias de membros de

Política como vocação e ofício 61

partidos organizados votam nos candidatos e delegam os membros nas assembleias de uma ordem superior, possivelmente existindo, até o "dia do partido", muitas outras reuniões do tipo. Segundo o fato, contudo, é claro que o poder reside nas mãos daqueles que realizam o trabalho na empresa de maneira *continuada*, ou, contudo, daqueles dos quais a empresa, em seu processo, depende pecuniária ou pessoalmente – como, por exemplo, os mecenas ou dirigentes de clubes políticos poderosos de interesse (Tammany Hall). O decisivo é que todo esse aparato humano – a "máquina", como a chamam, por exemplo, nas terras anglo-saxônicas –, ou melhor, aqueles que a dirigem, tenham condições de colocar os parlamentares em xeque, impingindo-lhes em grande medida suas vontades. E isso tem significado especial para a seleção da *direção* do partido. Dirigente torna--se apenas quem seguir a máquina, inclusive acima da cabeça do parlamento. A criação de máquinas como esta significa, com outras palavras, o começo da democracia *plebiscitária*.

A comitiva do partido, sobretudo o funcionário do partido e da empresa, aguardam, evidentemente, uma recompensa pessoal da vitória de seu dirigente: cargos ou outras benesses. Dele apenas – e não ou não somente dos parlamentares particulares: isso é decisivo. Eles aguardam sobretudo o seguinte: que o efeito demagógico da *personalidade* do líder dê na eleição o máximo possível de votos e de mandatos para o partido, aumentando, com isso, o seu poder e, assim, as chances de seus partidários de conseguirem para si as aguardadas recompensas. E o ideal é ter a satisfação de trabalhar com uma pessoa por dedicação pessoal e fidelidade, e não apenas para um programa abstrato de um partido medíocre existente: esse elemento "carismático" de toda liderança é um dos motores do processo.

Pelos modos mais variados e em luta sempre latente contra a influência dos notáveis locais e dos parlamentares é que essa forma se impôs. Nos partidos burgueses em um primeiro momento nos Estados Unidos, e posteriormente nos partidos social-democráticos sobretudo da Alemanha. Surgem constantemente contragolpes, sempre que não haja nenhum líder reconhecido por todos, e é preciso fazer concessões de todos os tipos, mesmo quando existe um deles, à vaidade e aos interesses dos notáveis do partido. Sobretudo, porém, a máquina também pode funcionar sob a dominação dos "funcionários" do partido, em cujas mãos fica o trabalho ordinário. Para muitos círculos social-democratas, seus partidos teriam caído nessa "burocratização". Entretanto "funcionários" subordinam-se de modo relativamente

fácil a uma personalidade liderante altamente demagógica: seus interesses materiais e ideais estão mesmo em
íntima conexão com as consequências esperadas por
eles do poder do partido, e trabalhar para um líder é em
si mesmo internamente libertador. Ainda mais difícil é
o surgimento de líderes ali onde (como na maioria dos
partidos burgueses), ao lado dos funcionários, os "notáveis" têm em mãos a influência sobre o partido. Pois estes
"tornam suas vidas" *ideais* a partir dos pequenos postos
que os membros da diretoria ou do comitê possuem. É
o ressentimento contra o demagogo como *homo novus*,
a convicção da superioridade da "experiência" político-
-partidária (que de fato tem um significado enorme) e
a preocupação ideológica com o despedaçamento das
antigas formas partidárias que definem suas atividades.
E no partido eles têm todos os elementos tradicionais
para si mesmos. Sobretudo o eleitor do campo, mas
também o pequeno burguês, fia-se nos nomes notáveis
que ele conhece há tempos e desconfia, por sua vez,
do homem que lhe é desconhecido, com o intuito de,
caso haja uma vitória daquele, poder se ligar a ele de
modo ainda mais inabalável. Vejamos alguns exemplos
principais dessa luta de ambas formas de estruturas e a
ascensão descrita por Ostrogorski da forma plebiscitária.

Primeiro a Inglaterra: nesse país, até 1868, a organização partidária era uma organização composta quase que puramente de notáveis. No campo, os *Tories* – como são chamados os membros do partido conservador – apoiavam-se nos padres anglicanos, na maioria dos educadores e sobretudo nos grandes proprietários (de terra) dos respectivos *county*, os condados ingleses. Já os *Whigs*, apoiavam-se sobretudo em pessoas como o pastor não conformista (onde houvesse), o chefe dos correios, o ferreiro, o alfaiate, o costureiro, ou seja, nesses artesãos em que é possível exercer influência política – uma vez que é possível papear com eles. Na cidade, os partidos dividiam-se em parte por motivos econômicos, em parte religiosos, e em parte simplesmente por tradição familiar em relação a opiniões partidárias. Mas os notáveis sempre eram os responsáveis pelo funcionamento político. Acima deles pairava o parlamento e os partidos com o gabinete e com o *"leader"*, que era o presidente do conselho de ministros ou da oposição. Esse *"leader"* tinha a seu lado a personalidade mais importante da organização partidária, uma personalidade que tinha a política como profissão: o "instigador" (*"whip"*). Ficava em suas mãos a patronagem de cargos; era a ele, portanto, que os caçadores de cargos tinham que se voltar e era ele quem tratava sobre esses assuntos com os de-

Política como vocação e ofício 65

putados de seu próprio círculo eleitoral. Foi assim que começou lentamente a se desenvolver uma camada de políticos profissionais, na medida em que os agentes locais foram sendo promovidos, eles que inicialmente eram profissionais não remunerados assumindo uma posição parecida com a dos nossos "homens de confiança", aqui na Alemanha. Ao lado deles, contudo, se desenvolveu nos círculos eleitorais a figura do empresário capitalista – o *"election agent"* –, cuja existência era inevitável pela legislação moderna, que tinha em vista assegurar a lisura das eleições modernas. Essa legislação visava controlar os custos eleitorais e enfrentar o poder do dinheiro, na medida em que os candidatos eram obrigados a discriminar quanto a eleição havia lhes custado: pois (muito mais do que ocorria antigamente entre nós, na Alemanha) o candidato tinha não apenas que gastar sua voz, mas também se dispor a tirar dinheiro do próprio bolso. O *"election agente"* recebia uma soma geral que incluía todos os custos, o que costumava ser um bom negócio. Na divisão de poder entre *"leader"* e notáveis do partido, no parlamento e no campo, o primeiro deles, na Inglaterra de então, uma posição bastante significativa por motivos coercitivos da viabilização de uma grande política e, com isso, de uma política contínua. Mesmo assim, a influência dos parlamentares e dos notáveis do partido ainda era, contudo, considerável.

Era mais ou menos desse modo que se parecia a antiga organização partidária, composta em parte pela economia dos notáveis, em parte já pela operação de funcionários e empresários. Desde 1868, contudo, desenvolveu-se, primeiro para a eleição local de Birmingham, e posteriormente para todo o país, o sistema "cáucus". Um pastor não conformista, ao lado de Josef Chamberlain, deu vida a esse sistema. O ensejo foi a democratização do direito eleitoral. Para conquistar as massas foi necessário parir um aparato descomunal de associações de aparência democrática, formar uma associação eleitoral em cada quarteirão da cidade, manter essa empresa em movimento ininterrupto e burocratizar tudo de maneira firme do seguinte modo: aumentando os cargos de funcionários remunerados nos comitês eleitorais locais, com o que logo se organizariam um total talvez de 10% dos eleitores como intermediários centrais eleitos com direito de cooperação, como organismo formal da política partidária. A força locomotora era sobretudo os círculos locais, sobretudo os de interessados na política comunal (onde quer que seja a fonte das chances materiais mais polpudas), os quais angariaram também em primeira linha os meios financeiros. Essa máquina que

Política como vocação e ofício

estava sendo pela primeira vez criada, não mais dirigida pelo parlamento, logo teve que lutar com os poderosos anteriores, sobretudo com o *whip*, mas venceu ao combate, apoiada pelos interesses locais, tendo o *whip* que a ela se subordinar e pactuar. O resultado foi uma centralização de todo poder nas mãos de poucas pessoas e, posteriormente, de uma única que ficava no topo do partido. Pois, no partido liberal, todo o sistema surgiu em conexão com a ascensão de Gladstone ao poder. O fascinante da "grande" demagogia gladstoniana, a crença sólida das massas no teor ético de sua política e sobretudo do caráter ético de sua personalidade foi o que levou tão rapidamente essa máquina a vencer os notáveis. Entrou em cena um elemento cesarista-plebiscitário na política: o ditador do campo de batalha eleitoral. Isso se mostrou bem cedo. Em 1877, o *"cáucus"* tornou-se atuante pela primeira vez nas eleições nacionais. Com êxito estrondoso: o resultado foi a queda de Disraeli. Em 1886 a máquina já estava completamente orientada de tal modo pelo carisma da pessoa que, quando a questão da *"home rule"* foi colocada, todo o aparato, de cima a baixo, não se perguntou "estamos de fato no mesmo solo de Gladstone?", mas simplesmente o seguiu, dizendo "o seguiremos, não importa o que faça", o que deixou Chamberlain, o próprio criador do aparato, desamparado.

Esse maquinário necessita de um aparato imenso de pessoas. Existem no mínimo 2 mil pessoas na Inglaterra que vivem diretamente da política do partido. Ainda maior é o número daqueles que atuam como caçadores de cargos ou como interessados na política, ou seja, que formam parte da comunidade política. Além das oportunidades econômicas, havia oportunidades de satisfazer sua vaidade para o político do *"cáucus"* que fosse prestável. Tornar-se "J.P." (juiz de paz) ou mesmo "M.P." (membro do parlamento) é naturalmente uma aspiração da mais elevada ambição (algo normal), o que era concedido a essas pessoas que demonstravam uma boa educação, os *"gentlemen"*. Como honra suprema resplandecia, em especial para os grandes mecenas (as finanças dos partidos consistiam talvez de até 50% de doações anônimas), o título de nobreza.

Mas então qual foi o efeito de todo esse sistema? O efeito é que hoje os parlamentares ingleses, com exceção de poucos membros do gabinete (e alguns independentes), normalmente não são outra coisa do que massa de manobra bem disciplinada. No Reichstag, entre nós, costumava-se ao menos marcar seu lugar na mesa para

Política como vocação e ofício

fingir que trabalhava pelo bem do país enquanto despachava sua correspondência privada. Gestos desse tipo não são exigidos na Inglaterra: o membro do parlamento tem apenas de votar e de não trair o partido, tendo que aparecer quando o *whip* o chama para fazer o que o gabinete ou o líder da oposição ordenou. Quando existe um líder forte, a máquina *"cáucus"* fica, no país afora, quase sem opinião própria e totalmente na mão do *"leader"*. Acima do parlamento fica, assim, o ditador plebiscitário de fato que arrasta consigo a massa por meio da "máquina" e para quem os parlamentares são apenas pessoas de sua comitiva que concedem prebendas políticas.

E como ocorre a seleção dessa liderança? Em primeiro lugar: segundo qual capacidade? É claro que aqui é determinante sobretudo – depois da qualidade mais decisiva do mundo, *querer* – o poder da fala demagógica. O tipo desse discurso tem se modificado desde os tempos em que, como os de Codben, dirigia-se ao entendimento, passando pelos de Gladstone, um técnico aparentemente sóbrio em "deixar os fatos falarem", até a atualidade, em que, com o intuito de pôr as massas em movimento, ele é realizado muitas vezes com meios puramente emocionais tal como o faz o Exército da Salvação. É possível chamar a situação atual de uma "ditadura baseada na exploração da emocionalidade das massas". Mas é o alto desenvolvimento do sistema de trabalho dos comitês no parlamento inglês que o permite, coagindo todo político que pense em fazer parte da liderança a *contribuir* com isso. Todos os ministros relevantes das últimas décadas seguem real e efetivamente essa instrução, e críticas públicas a essa orientação condiciona as coisas de tal modo que essa verdadeira escola da fala demagógica acaba significando uma seleção efetiva que funciona eliminando os meros demagogos.

Isso na Inglaterra. O seu sistema *"cáucus"* era apenas uma forma moderada, comparada com a organização partidária americana, que dava forma ao princípio plebiscitário, de modo bastante precoce e especialmente puro. A América deveria ser, para Washington, uma comunidade administrada por *"gentlemen"*. Um *gentlemen* era naquela época também um senhor de terras, ou um homem com formação universitária, que havia estudado em um *College*. Era assim no início. Quando os partidos passaram a se formar, os membros das casas representantes tiveram de pronto pretensão de se tornarem líderes como os da época da dominação dos notáveis na Inglaterra. A organização partidária era muito frouxa. Isso durou até 1825. Já antes dos anos de 1820, em muitos municípios (que aqui também foram os primeiros locais do desenvolvimento moderno da

Política como vocação e ofício   71

política), a máquina partidária estava em transformação. Mas somente a eleição de Andrew Jackson (1829-1837) como presidente, o candidato dos fazendeiros do Oeste, deitou fora as velhas tradições. O fim formal da administração dos partidos pelos parlamentares da liderança ocorreu logo após 1840, quando os grandes parlamentares – Calhoun, Webste – aposentaram-se da vida política, uma vez que o parlamento havia perdido quase todo poder pelo país afora para a máquina partidária. O desenvolvimento tão precoce da "máquina" plebiscitária na América tem seu fundamento no fato de que lá, e apenas lá, o chefe do executivo e – o que importa – da patronagem de cargos era um presidente eleito de modo plebiscitário, sendo, por conta da "divisão de poderes", praticamente independente do parlamento em sua liderança de cargos. A eleição presidencial revela-se, assim, justamente um verdadeiro objeto de prebendas e de cargos pela remuneração da vitória. O *"spoils system"* de Andrew Jackson elevado a princípio, de modo completamente sistemático, não passa, então, de consequência dessa situação.

O que significa esse *"spoils system"* (a alocação de todos os cargos federais à comitiva do candidato vencedor) para a formação partidária de hoje? Significa que os partidos totalmente sem caráter, organizações puramente à caça de votos, opõem-se uns aos outros, construindo seus programas a cada eleição segundo as chances de conseguir votos – modificando-se em uma medida que não é possível encontrar paralelo, apesar das analogias, em nenhum outro lugar. Os partidos estão totalmente talhados justamente para a batalha eleitoral mais importante para a patronagem de cargos: pela presidência da União e para governador de cada um dos Estados. Programas e candidatos são escolhidos nas *"national conventions"* dos partidos sem qualquer intervenção dos parlamentares – são os congressos do partido, integrados formalmente de modo muito democrático por assembleias de delegados que, de sua parte, devem seu mandato às *"primaries"*, as *Urwählerversammlungen*, quer dizer, as assembleias originárias de eleitores do partido. Já nas *primaries* os delegados são votados em nome dos candidatos a chefe de Estado; *no interior* de cada partido singular freme a mais amarga luta pela questão da *"nomination"*. O presidente tem sempre às mãos de 300 a 400 mil nomeações de cargos para efetuar. Os senadores são, portanto, políticos poderosos. A casa dos representantes, em oposição, é, do ponto de vista político, relativamente impotente, pois lhe foi retirada a patronagem de cargos e os ministros, meros assistentes do presidente legitimado pelo povo

Política como vocação e ofício

perante qualquer um – inclusive o parlamento –, podem exercer seus cargos independentemente da confiança ou desconfiança (dos representantes): uma consequência da "divisão de poderes".

O *"spoils system"* que está sustentado dessa maneira foi tecnicamente *possível* na América, pois, dada a juventude da cultura americana, uma economia composta puramente por diletantes pode ser tolerada. Pois ter de 300 a 400 mil desse tipo de gente de partido em cargos púbicos, apenas pelo fato de que haviam prestado um bom serviço ao partido – tal situação não pôde evidentemente subsistir sem que houvesse grandes inconvenientes: corrupção e desperdício sem precedentes, que apenas um país com oportunidades ainda ilimitáveis pode suportar.

Então em primeiro plano o personagem que surge, com tal sistema da máquina partidária plebiscitária, é: o *"boss"*. O que é o *"boss"*? Um empresário político capitalista que arranja votos por sua conta e risco. Ele pode ter conquistado seus primeiros contatos como advogado, dono de bar ou de outros negócios semelhantes, ou ainda, por exemplo, como credor. A partir daí, vai tecendo suas teias até que consiga "controlar" um determinado número de votos. Se chegou até este ponto, põe-se em contato com o *"boss"* mais próximo, pelo zelo, habilidade e sobretudo discrição, chama atenção daqueles que já foram mais longe na carreira e então começa a ascender. O *boss* é imprescindível para a organização do partido. Este fica centralizado em sua mão. É ele que essencialmente arranja os meios. Como ele o faz? Pois, em parte pela contribuição dos membros; sobretudo pela tributação dos salários de cada funcionário público que chegou ao cargo graças a ele e a seu partido. Então por corrupção e suborno. Quem quiser impunemente infringir alguma das inúmeras leis necessita da conivência do *boss* e terá que pagar por isso. Sem isso, haveria para tal pessoa inconveniências inevitáveis. Mas somente com isso o capital necessário para o negócio ainda não foi arranjado. O chefe é indispensável na condição de receptor direto do dinheiro dos grandes magnatas financeiros. Eles não iriam confiar de modo algum dinheiro para fins eleitorais a qualquer funcionário assalariado do partido, ou a uma pessoa qualquer que tivesse que prestar contas ao público. O chefe, com sua prudente discrição em questões de dinheiro, é evidentemente o homem daqueles círculos capitalistas que financiam a eleição. O *boss* típico é um homem absolutamente sóbrio. Não aspira à reputação social; o *"professional"* é desprezado na "boa sociedade".

Ele busca exclusivamente poder, poder também como fonte de dinheiro, mas sobretudo: poder pelo poder. Trabalha no escuro, é nisso que difere do *"leader"* inglês. Não se ouvirá muito ele falando publicamente; enquanto ele mesmo cala, sugere ao orador o que deve e é conveniente dizer. Em regra, não assume nenhum cargo, com exceção do de senador no senado federal. Pois, uma vez que os senadores estão apartados da patronagem de cargos pela constituição, os *"bosses"* dirigentes em pessoa assumem uma cadeira com frequência nessa corporação. A distribuição de cargos segue em primeira linha o desempenho do partido. Mas também em muitos casos ocorreriam a atribuição por oferta de dinheiro, e para cada cargo existem determinadas taxas: um sistema de venda de cargos, como as monarquias dos séculos XVII e XVIII, incluindo os Estados eclesiásticos, em diversos aspectos já conheciam.

O *"boss"* não tem "princípios" políticos fixos, ele é totalmente sem caráter e apenas pergunta-se "o que dá votos?" Não raramente é um homem com uma formação bem ruim. Em sua vida privada, contudo, costuma viver de modo irrepreensível e correto. Apenas em sua ética política é que ele se adapta à naturalidade da ética mediana da atividade política dada a cada vez, tal como muitos de nós tivemos que fazer na época das acumulações no âmbito da ética econômica. Ele não contesta quando o chamam de *"professional"*, de político profissional, de forma a desprezá-lo socialmente. A vantagem de não chegar e nem de ele mesmo querer chegar aos grandes cargos da União reside na possibilidade de que não raramente inteligências externas do partido, notáveis, portanto (e diferente do que ocorre entre nós, a toda vez sempre novamente os mesmos velhos notáveis dos partidos), candidatarem-se, caso os *bosses* tenham a expectativa de que possam atrair votos nas eleições. E foi justamente a estrutura desses partidos sem caráter, com seus poderosos desprezados pela sociedade, que contribuiu, portanto, para que homens diligentes tenham chegado até a presidência, os quais nunca chegariam tão alto entre nós. É evidente que os *bosses* são sempre resistentes contra um *outsider* que poderia pôr em perigo suas fontes de poder e de dinheiro. Mas na concorrência pela preferência dos eleitores, não é raro que tenham que condescender e aceitar justamente esses candidatos que se faziam então de adversários da corrupção.

Trata-se aqui, portanto, de uma empresa partidária fortemente capitalista, rigidamente organizada de cima a baixo, sustentada pelos clubes também rigidamente organizados e ordenados, do tipo do Tammany Hall, que visam exclusivamente ao lucro pela dominação política

Política como vocação e ofício

sobretudo dos municípios (que nestas terras também é o objeto mais importante de exploração). Essa estrutura da vida partidária era possível devido ao alto grau da democracia dos Estados Unidos, um "país jovem". Esse contexto faz com que esse sistema seja compreendido como estando em lento desaparecimento. A América não pode mais ser regida apenas por diletantes. Já há 15 anos, em 1904, ouviam-se os trabalhadores americanos respondendo por que então deixar reger por políticos que eles mesmos contavam desprezar: "preferimos funcionários em quem podemos cuspir, do que, como entre vós, uma casta de funcionários que cuspiria em nós". Esse era o antigo ponto de vista da "democracia" americana: os socialistas já pensavam então de modo bem diferente. Não se aguenta mais a situação. A administração dos diletantes não é mais suficiente, e a Civil Service Reform (Reforma do serviço público) vem criando em número crescente cargos vitalícios e com aposentadoria, o que tem como efeito que funcionários formados em universidades, tão incorruptíveis e eficientes quanto os nossos, passem a ocupar os cargos. Cerca de 100 mil cargos não são mais objetos de espoliação após cada nova eleição, mas estão ligados à aposentadoria e à comprovação de qualificação. Isso fará com que o *spoils system* se retraia lentamente, transformando igualmente o modo de direção partidária – apenas não sabemos ainda *como*.

Na *Alemanha* as condições decisivas do funcionamento político eram até agora, essencialmente, as seguintes. Em primeiro lugar: impotência dos parlamentos. A consequência: nenhuma pessoa com qualidades de liderança durava muito. Se alguém com tais qualidades quisesse fazer algo – o que ele poderia fazer ali? Quando um cargo na chancelaria vagava, era possível falar ao chefe da administração correspondente: "eu tenho em meu círculo eleitoral um homem bastante capaz que seria próprio para o cargo, vá lá pegá-lo". E com gosto lhe davam o cargo. Mas isso era tudo o que um parlamentar alemão podia conseguir para satisfazer seu instinto de poder – caso tivesse algum. Adiciona-se a isso – e esse segundo momento condiciona o primeiro: o enorme significado do funcionalismo especializado na Alemanha. Quanto a isso, estamos em primeiro lugar no mundo. Esse significado trouxe consigo a exigência, feita pelo funcionalismo, não apenas dos cargos especializados, mas também dos postos de ministro. Foi o que aconteceu no *Landtag* do Estado bávaro há alguns anos, quando veio à discussão o parlamentarismo e falava-se: "as pessoas capazes não se tornarão mais funcionários se forem os parlamentares que ocuparem os ministérios". A adminis-

Política como vocação e ofício

tração dos funcionários privava-se, além disso, sistematicamente desse tipo de controle como o que constituem as discussões dos comitês ingleses, impossibilitando ao parlamento (abstraindo algumas poucas exceções) de realmente formar em seu meio um chefe útil.

O terceiro fator era que nós, na Alemanha, ao contrário do que ocorre na América, tínhamos partidos com convicções e caráter políticos que afirmavam, ao menos com *bona fides* subjetiva, que seus membros representavam "visões de mundo". Mas os dois partidos mais importantes desse tipo – o Partido do Centro, de um lado, e o Partido Social-Democrata, de outro – eram, então, partidos que nasceram, por própria deliberação, minoritários. Os dirigentes do Centro no Império não faziam nunca segredo de que eram contra o parlamentarismo porque temiam se tornar minoria e aumentar a dificuldade para acomodar seus caçadores de cargos como fazia antes, pela pressão sobre o governo. O Social-Democrata era um partido por princípio de minoria e um entrave para o parlamentarismo, pois não queriam se sujar com a ordem político-burguesa dada. E é o fato de que ambos os partidos excluíram-se do sistema parlamentarista que tornou impossível termos chefes administrativos realmente úteis.

O que foi feito, em meio a isso tudo, dos políticos profissionais alemães? Ficaram sem poder, responsabilidade, podiam atuar como notáveis apenas em papéis muito subalternos e foram, em decorrência disso, reanimados pelos instintos típicos em geral desse tipo de agremiação. Era impossível, no círculo desses notáveis que fazem suas vidas desses pequenos postozinhos, subir muito na carreira se a pessoa não fosse do mesmo tipo que eles. Posso dar nome a inúmeros de cada um dos partidos – evidentemente sem excluir até mesmo a Social-Democracia – que significam a tragédia da carreira profissional política, pois têm qualidades de liderança respectivas e, justamente por isso, não eram tolerados pelos notáveis. Todos os nossos partidos tomaram essa rota de desenvolvimento em direção a uma agremiação de notáveis. Bebel, por exemplo, era ainda um líder segundo o temperamento e a integridade de caráter, por mais modesto que fosse seu intelecto. O fato de que ele foi um mártir, de que ele nunca iludiu a confiança das massas (a seus olhos), teve como consequência que ela sempre o seguia, não havendo força alguma dentro do partido (Social-Democrata) que honestamente teria podido manifestar-se contra ele. Depois de sua morte isso acabou, e o funcionalismo começou. Funcionários sindicais, secretários de partido, jornalistas, subiram ao

Política como vocação e ofício

topo, instintos de funcionários dominaram os partidos, um funcionalismo altamente respeitável – raramente respeitável, pode-se dizer, em comparação com outros países, em especial com a América e seus funcionários sindicalistas frequentemente corruptos –, mas logo vieram também as primeiras consequências já mencionadas do funcionalismo nos partidos.

Os partidos burgueses tornaram-se integralmente, desde os anos de 1880, agremiações de notáveis. Mesmo assim, às vezes precisavam recorrer a inteligências fora do partido por puro fim propagandístico, apenas para poder dizer: "temos este e aquele nome". Se possível evitavam deixar com que estes nomes se tornassem candidatos, e isso corria apenas onde era inevitável, quando o notável se deixava pegar apenas se fosse para se candidatar.

No parlamento dominava o mesmo espírito. Nossos partidos do parlamento eram e são ainda agremiações. Cada discurso pronunciado no plenário do *Reichstag* é antes inteiramente revisado no partido. Nota-se pelo tédio inaudito desses discursos. Apenas quem se subscreveu como orador pode tomar a palavra. Impensável algo que estivesse mais em oposição ao costume inglês, mas também – por razões totalmente opostas – ao costume francês.

Agora, como consequência do colapso violento, que se costuma chamar de revolução, talvez possa estar em curso uma transformação. Talvez – mas não com certeza. Em um primeiro momento, apareceram rudimentos de um novo tipo de aparatos partidários. Em primeiro lugar, aparatos amadores. Particularmente, em geral, representados por estudantes de diferentes universidades que dizem a um homem que atribuem qualidades de liderança: "queremos fazer o trabalho necessário para o senhor, nos lidere". Em segundo lugar, aparatos de homens do comércio. Aconteceu que as pessoas chegavam a um homem a quem atribuíam qualidades de liderança, oferecendo-se por quantia fixa a fazer a propaganda para cada eleição. Se me fosse perguntado qual desses dois aparatos eu teria como confiável sob ponto de vista puramente técnico-político, eu preferiria, acredito, o último. Mas ambos eram bolhas que subiram rapidamente e que veloz desapareceram de novo. Mas os aparatos existentes então realinharam-se e continuaram a trabalhar. Toda aparição era apenas um sintoma de que o novo aparato talvez tivesse se ajustado caso existisse o líder. Mas mesmo a peculiaridade técnica do direito eleitoral proporcional excluiu que aflorasse. Surgiram

Política como vocação e ofício   83

apenas alguns ditadores de rua, para logo em seguida desaparecerem. E apenas a comitiva da ditadura de rua foi organizada em disciplina rígida: por isso o poder dessa minoria que está desaparecendo.

Se supusermos que essa situação irá se alterar, então é preciso deixar claro, depois do que já foi dito: a direção dos partidos por um líder plebiscitário condiciona a "desalmificação" da comitiva, seria possível dizer, sua proletarização espiritual. Para ser utilizável como aparato pelo líder, ela precisa obedecer cegamente, ser máquina em sentido americano e não ser perturbada por vãs questões de notáveis e pretensões de uma opinião própria. A eleição de Lincoln foi apenas possível por esse caráter de organização partidária, e com Gladstone surgiu, como esperado, o mesmo que havia surgido no "*cáucus*". É justamente esse o preço que se paga pela liderança de um líder. Mas há apenas uma escolha: democracia de líderes com "máquinas" ou democracia sem líder, ou seja, o domínio dos "políticos profissionais" sem vocação (em alemão diríamos o estranho domínio dos *Berufspolitiker ohne Beruf*), sem as qualidades internas, o carisma, que fazem um líder. E isso significa, então, o que cada facção partidária respectiva acostumou-se a designar como domínio das "panelinhas". Por enquanto é tudo o que temos na Alemanha. E o prognóstico para o futuro é de que essa situação irá durar e será facilitada, ao menos no nosso *Reich*, no nosso reino, na medida em que o *Bundesrat*, como chamamos o Conselho Federal, será ressuscitado, necessariamente limitando o poder do *Reichstag*, nossa Câmera Imperial, e, com isso, seu significado como local de seleção de lideranças. Isso também irá ocorrer, além disso, pelo direito à representação proporcional, tal como hoje ele está configurado: uma aparição típica da democracia sem liderança, não apenas porque facilita o regateio dos notáveis por colocações, mas também porque futuramente dará às associações de interessados a possibilidade de obrigar a admissão de seus funcionários nas listas e, assim, de construir um parlamento apolítico, no qual não exista espaço para uma liderança autêntica. A única válvula de escape para a necessidade de liderança poderia se tornar o presidente do reino, caso ele seja eleito por plebiscito, e não pelo parlamento. Seria possível surgir e ser selecionada uma liderança na base da confirmação de trabalho, sobretudo quando surgisse, nas grandes cidades, como nos Estados Unidos em todo lugar em que se estivesse disposto a combater a corrupção com seriedade, o ditador municipal, eleito por plebiscito, e que compõe seu escritório de modo independente. Isso iria exigir uma organização partidária adaptada a tais

Política como vocação e ofício 85

eleições. Mas a completa hostilidade pequeno-burguesa à liderança em todos os partidos, incluso, sobretudo o Social-Democrata, faz com que o modo futuro de configuração dos partidos e, com isso, todas suas possibilidades permaneçam ainda totalmente no escuro.

Assim, hoje ainda não se pode divisar os contornos externos do modo como o funcionamento da política como "profissão" está sendo configurado, e muito menos, devido a isso, o seguinte: por quais vias se abrem, aos politicamente talentosos, as chances de serem colocados diante de uma tarefa política satisfatória. Para os que têm necessidade, pela sua situação patrimonial, de viver "da" política, há sempre a alternativa: como via direta típica, tornar-se jornalista ou funcionário do partido; ou então assumir uma representação de interesses: em um sindicato, em câmeras de comerciantes, de agricultores, de operários, trabalhadores, associações de empregadores etc.; ou ainda, uma alternativa seria se procurar cargos municipais. Não se tem muito mais que falar sobre o aspecto externo, salvo que os funcionários dos partidos e os jornalistas carregam o ódio que os "sem classe" despertam. Infelizmente sempre ouviremos falar de uns que "recebem para escrever", enquanto de outros que "recebem para falar" e deve passar longe dessas carreiras quem se vir internamente indefeso a isso, sem ser capaz por si mesmo de dar a resposta certa, já que se trata de uma via que, de todo modo, ao lado de fortes tentações, pode levar também a contínuas desilusões.

O que essa via consegue, então, oferecer à felicidade interior, e quais precondições pessoais são exigidas aos que a escolhem?

Bom, sentimento de poder: à primeira vista, é o que ela pode proporcionar. O que eleva o político profissional acima do cotidiano, mesmo nos cargos formalmente mais modestos, é a consciência de influenciar as pessoas, de ter parcela de poder sobre elas, mas sobretudo o seguinte: o sentimento de manejar os fios nervosos de acontecimentos históricos importantes. Mas a pergunta para ele seria, então: por quais qualidades pode ter a expectativa de corresponder ao poder (por mais limitado que seja em alguns casos) e, portanto, à responsabilidade que este lhe coloca sobre os ombros? Com isso, entramos no terreno das perguntas éticas, pois a ele pertence a questão: que tipo de pessoa é preciso ser para poder pôr as mãos nos raios da roda da história?

Pode-se dizer que são três as principais qualidades decisivas para o político: paixão, sentimento de responsabilidade e senso de proporção. Paixão no sentido de *objetividade*: dedicação apaixonada a uma "causa", ao

Deus ou ao demônio que o governa. Não no sentido daquela conduta interior que meu falecido amigo Georg Simmel costumava designar de "excitação estéril", como é própria a determinado tipo de intelectual, sobretudo os russos (mas não a todos eles!) e que nesse carnaval, adornado agora com o pomposo nome de uma "revolução", assume um grande papel entre nossos intelectuais: um "romantismo de alguém que tem interesses intelectuais" que levam a lugar nenhum sem o sentimento de responsabilidade objetiva. Pois não se faz nada, evidentemente, somente com a paixão, ainda que sentida de maneira autêntica. Ela não faz de alguém político quando, a serviço de uma "causa", não fizer da *responsabilidade* para com a mesma causa uma estrela-guia decisiva de sua ação. E para tanto é preciso – e isso é uma qualidade psicológica decisiva do político – o *senso de proporção*, a capacidade de deixar as realidades atuarem sobre si com recolhimento e tranquilidade interior, ou seja: a *distância* das coisas e das pessoas. "Não saber guardar distância", puramente enquanto tal, é um pecado mortal de qualquer político e uma das qualidades cujo cultivo pela nossa nova geração de intelectuais faz com que sejam condenados à incapacidade política. Pois o problema é justamente este: como uma paixão ardente e um senso de proporção frio podem ser forçados a se manterem juntos na mesma alma? A política é feita com a cabeça, não com outras partes do corpo ou da alma. Porém a devoção a ela, se não tiver que ser um jogo intelectual frívolo, mas uma atividade humana autêntica, pode nascer e alimentar-se apenas da paixão. A contenção da alma, contudo, que caracteriza o político apaixonado e o difere dos meros diletantes políticos "excitados de forma estéril", é possível apenas com o hábito da distância – em todos os sentidos da palavra. A "força" de uma "personalidade" política significa em primeira linha a posse dessas qualidades.

Um inimigo bem trivial e demasiadamente humano que o político tem que superar em si, portanto, a todo dia e a toda hora: a mais comum *vaidade*, a inimiga mortal de toda dedicação objetiva e de toda distância, nesse caso, a distância de si mesmo.

Vaidade é uma característica bastante disseminada e talvez ninguém esteja livre dela. E nos círculos acadêmicos e eruditos é praticamente um tipo de doença profissional. Mas justamente entre os eruditos, por mais antipática que pareça, relativamente inofensiva, no sentido de que geralmente não atrapalha a empresa científica. Essa é uma grande diferença em relação ao político. Ele trabalha com a aspiração pelo *poder* como meio inevitável. "Instinto de poder" – como se costuma dizer – pertence, portanto, de fato às suas qualidades normais. O pecado contra o espírito santo de sua profissão e vocação, contudo, começa lá onde essa aspiração de poder torna-se *falta de objetividade* e objeto de autoinebriação meramente pessoal, em vez de estar exclusivamente a serviço da "causa". Pois há em última instância apenas dois tipos de pecados capitais no terreno da política: falta de objetividade e – em geral, mas não sempre, a ela idêntico – irresponsabilidade. A vaidade: a necessidade de aparecer sempre que possível visível no primeiro plano faz com que o político caia, da forma mais intensa, na tentação de cometer uma das coisas, ou até mesmo as duas. Tanto mais quanto o demagogo está obrigado a ter em conta seu "efeito" – justamente por isso corre sempre o perigo tanto de tornar-se ator quanto de tomar de modo leviano a responsabilidade pelas consequências de suas ações e apenas se perguntar pela "impressão" que causa. Sua falta de objetividade o inclina a aspirar pela aparência brilhante do poder, em vez de pelo poder real, enquanto sua irresponsabilidade faz com que goze o poder pelo poder, sem levar em conta sua finalidade. Pois, embora o poder seja, ou melhor, justamente *porque* o poder é o meio inevitável de aspiração ao poder, e, portanto, uma das forças propulsoras de toda a política, não há uma distorção mais perniciosa da força política do que a jactância com o poder típica do parvenu e a vã empáfia no sentimento de poder, em geral toda adoração do poder puramente enquanto tal. O mero "político do poder" que um culto fervoroso também entre nós tenta idealizar pode provocar um forte efeito, mas na realidade atua sobre o vazio e a falta de sentido. Nisso, os críticos da "política do poder" têm toda razão. Com o colapso interior repentino dos típicos portadores dessas atitudes podemos vivenciar quais fraquezas interiores e impotência escondiam-se atrás desses gestos ostentosos, mas bastante vazios. É produto de uma atitude *"blasé"* altamente mesquinha e superficial em relação ao *sentido* da ação humana, que não tem parentesco algum com o saber e a tragédia em que se integra de verdade todo fazer, e, sobretudo, o fazer política.

É absolutamente verdadeiro e um fato fundamental da história (que não vamos agora fundamentar mais detidamente neste momento) que o resultado final da ação, de modo geral – não, de modo absolutamente regular –, tem uma relação totalmente inadequada, em geral completamente paradoxal, com seu sentido original. Mas é por isso que desse sentido, do serviço a uma *causa*, não se pode prescindir, caso o fazer tenha que

Política como vocação e ofício 91

ter consistência interna. *Qual* se mostra a causa para o político que aspira ao poder e o emprega é uma questão de fé. Pode servir a finalidades nacionais ou humanas, sociais, éticas ou culturais, intramundanas ou religiosas, pode carregar uma forte crença no "desenvolvimento" – seja em qual sentido – ou recusar esse tipo de crença de maneira fria, pode exigir estar a serviço de uma "ideia" ou querer servir à recusa por princípio desse tipo de aspiração a fins que ficam no exterior da vida cotidiana – mas precisa sempre *existir* algum tipo de crença. Do contrário, a maldição da nulidade da criatura pesa na realidade – o que é completamente justo – até mesmo sobre os êxitos políticos aparentemente mais sólidos.

Com o que foi dito, estamos já discutindo o último dos problemas que hoje à tarde nos dispomos a compreender: o *"ethos"* da política como "causa". Qual vocação ela mesma pode satisfazer, independente de seus fins, no interior do todo da economia ética, em relação ao modo como se conduz a vida? Qual é, digamos assim, o lugar ético de onde é oriunda? Aqui chocam-se, pois, visões de mundo básicas umas com as outras, entre as quais é preciso *escolher*. Aproximemo-nos, de modo resoluto, do problema que tem sido colocado em discussão recentemente de uma forma que, a meu entender, está completamente equivocada.

Livremo-nos, contudo, primeiro de uma falsificação bem trivial. Pode acontecer de a ética surgir em um papel altamente fatal em relação à própria ética. Tomemos um exemplo. Raramente se encontrará um homem que deixa de amar uma mulher para amar outra que não sinta a necessidade de legitimar para si mesmo essa mudança, que não diga "ela não valia meu amor" ou "ela me desapontou" ou qualquer outro tipo de "razão" do mesmo gênero. Uma falta de cavalheirismo que imagina, para se furtar ao destino de que simplesmente não a ama mais e de que a mulher precisa lidar com isso, uma "legitimidade" graças à qual toma para si, sem qualquer cavalheirismo, o direito de fazer isso e, ainda pior, chafurdando-na não só de infelicidade, mas também de culpa. O concorrente que triunfa em uma disputa erótica procede exatamente do mesmo modo: o rival deve valer menos, ou então não teria perdido. Nada mais compreensível, contudo, quando, após ter vencido uma guerra, o vencedor reivindique, querendo estar certo da forma mais mesquinha: "eu venci, pois estava certo". Ou, quando alguém sucumbe mentalmente sob os horrores da guerra, então, em vez de dizer simplesmente "foi muito o que foi preciso sentir", passa a legitimar para si mesmo o cansaço oriundo da guerra, substituindo a sensação, afirmando: "não pude suportar

Política como vocação e ofício

tudo isso, pois tive que lutar por uma causa eticamente ruim". E o mesmo se passa, na guerra, entre os vencidos. Em vez de, como velha caduca, buscar os "culpados" depois da guerra – já que foi a estrutura da sociedade que produziu a guerra –, a postura sólida e viril dirá: "nós perdemos a guerra – os senhores ganharam. Isso está decidido: vamos, pois, discutir sobre quais consequências devem ser tiradas no que diz respeito aos interesses *materiais* em jogo e – o mais importante – quanto à responsabilidade pelo *futuro*, que recai sobretudo sobre o vencedor". Todo o resto é indigno e retaliação. Uma nação perdoa o dano aos seus interesses, mas não à sua honra, muito menos quando ocorre por ladainha de quem quer sempre estar certo. Cada novo documento que vem à luz depois de décadas reanima o clamor, a ira e o ódio indignos, ao invés de fazer com que a guerra fosse enterrada, ao menos *eticamente*, após o seu término. Isso é possível apenas com objetividade e cavalheirismo, mas principalmente com *dignidade*. Nunca, porém, com uma "ética" que na verdade significa uma indignidade de ambas as partes. Em vez de cuidar do que concerne aos políticos – o futuro e a responsabilidade por ele –, dedica-se a questões politicamente estéreis, porque impossível de serem solucionadas, a respeito de quem seria a culpa sobre o passado. É fazer *isso* que, caso exista, consiste em culpa política. E é neste ponto que se percebe a falsificação inevitável de todo problema por interesses bastante materiais: interesses do vencedor à procura do maior lucro possível – moral e material –, enquanto o vencido espera, com a confissão da culpa, conseguir negociar algumas vantagens: se existir qualquer coisa que seja "comum", então é isso, o que é consequência desse tipo de utilização da "ética" como meio de "ter razão".

Mas como fica, pois, com a relação real entre *ética e política*? Será que elas não têm nada que ver uma com a outra, como por vezes se fala? Ou seria mais bem o contrário, e o correto seria que a ética que vale na ação política seria a "mesma" que vale para qualquer outra ação? Por vezes se acreditou que essas duas afirmações seriam alternativas excludentes uma da outra: ou uma ou a outra estaria correta. Mas seria, pois, então verdadeiro ser possível dispor de alguma ética no mundo com um mandamento que tivesse o *mesmo* conteúdo seja para as relações eróticas, sociais, familiares, oficiais, seja para as relações com a esposa ou com a verdureira, com o filho ou com os concorrentes, com amigo ou com o réu? Deveria ser realmente tão indiferente para as exigências éticas à política que esta trabalha com um meio bastante específico, o poder, por detrás do qual fica a *violência*? Não vemos como as ideologias

Política como vocação e ofício

bolcheviques e espartanas, justamente porque a usam como meio da política, provocam os *mesmos* resultados do que a ação de qualquer ditador militar? Por meio do que, senão pela pessoa que tem o poder e seu diletantismo diferencia-se a dominação dos conselhos dos trabalhadores e dos soldados da de qualquer poderoso do Antigo Regime? Em que se diferencia a polêmica da maioria dos próprios representantes da pretensa nova ética contra os adversários por eles criticados da ética de qualquer outro demagogo? "Pela nobre intenção!", será dito. Ótimo. Mas o que está em questão aqui são os meios, e a nobreza de suas últimas intenções os adversários combatidos reivindicam igualmente para si com toda honestidade subjetiva: "Quem com ferro fere, com ferro será ferido". E luta é sempre luta. Ou seja: ficamos com a ética do Sermão da Montanha? Com o Sermão da Montanha – o que quer dizer: a ética absoluta do Evangelho – é uma causa mais honesta do que acreditam os que hoje a citam com prazer. Não se deve brincar com ela. É válido dizer em relação a ela o mesmo que se diz sobre a causalidade na ciência: ela não é um fiacre que se pode chamar para subir ou descer dele a bel-prazer. Ao contrário: tudo *ou* nada, *esse* é justamente seu sentido, se for possível ir além de trivialidades. Ou seja, lembremo-nos, por exemplo, o que ela diz quanto ao jovem rico, que "tem muitos bens e anda triste". O mandamento do Evangelho é claro e incondicional: dê tudo o que tem – absolutamente *tudo*. O político dirá: uma exigência sem sentido social, enquanto não for imposta para *todos*. Ou seja: é preciso tributação, confiscação, em uma palavra, coerção e regulação contra *todos*. O mandamento ético, contudo, *absolutamente não* se questiona sobre isso, essa é sua essência. Ou ainda diz: "oferece a outra face!", incondicionalmente, sem perguntar por que o outro se poria a bater. Uma ética da indignidade, a não ser para um santo. Assim é: é preciso ser um santo em *tudo*, ou ao menos segundo a vontade, viver como Jesus, o apóstolo, São Francisco e outros do mesmo tipo, *aí, então*, essa ética tem sentido e é expressão de uma dignidade. *Senão não*. Pois se a ética acosmística diz para "não se opor ao mal com violência", para o político vale a frase oposta: *deves* opor-se ao mal de modo violento, ou então serás tu o *responsável* pelo seu aumento. Quem quiser agir segundo a ética do Evangelho deve se abster da greve – pois é coerção – e ir não aos sindicatos vermelhos, mas aos amarelos, dominados pelos patrões. E que não fale de "revolução". Pois tal ética não ensina que a única guerra legítima é a civil. O pacifista que age conforme o Evangelho recusará e jogará fora as armas, como foi recomendado na Alemanha,

Política como vocação e ofício

como dever ético, para pôr fim à guerra e, com isso, a qualquer guerra. O político dirá: o único meio seguro de desacreditar a guerra para os tempos *vindouros* teria sido uma paz do *status quo*. Com tal paz, o povo teria se perguntado: "para que houve a guerra?", e ela teria sido levada *ad absurdum* – o que agora não é mais possível. Isso porque, para os vencedores – ao menos para uma parte deles –, a guerra se fará render politicamente. E o responsável por essa situação é esse comportamento que tornou impossível para nós qualquer resistência. Então – quando acabar o cansaço em relação à guerra – *será a paz, não a guerra, que será descreditada*: uma consequência da ética absoluta.

Finalmente: a obrigação de dizer a verdade. Ela é incondicional para a ética absoluta. Ou seja, as pessoas concluiriam: trata-se de publicar tudo, sobretudo os documentos que incriminam o próprio país e, com base nessa publicação unilateral, reconhecer a culpa, unilateral e incondicionalmente, sem considerar as consequências. O político descobrirá que, se tiver sucesso agindo desse modo, não se está promovendo, mas certamente escurecendo a verdade, ao se abusar e desencadear a paixão; e que apenas uma investigação planejada e de todos os lados, imparcial, poderia trazer frutos, sendo que qualquer outro procedimento poderia ter consequências para a nação que o fizer, as quais em décadas não poderão ser reparadas. Mas a lógica absoluta não se *pergunta* justamente pelas "consequências".

Nisso reside o ponto decisivo. Precisamos ter clareza que toda ação orientada eticamente pode estar sob *duas* máximas opostas uma à outra e fundamentalmente diversas: nossas ações podem ser orientadas ou bem "pela ética da convicção", ou bem pela "ética da responsabilidade". Não que a ética da convicção seria idêntica com a ética da irresponsabilidade e a ética da responsabilidade com a ética da falta de convicção. Não é disso que se está falando. Mas há uma oposição abissal entre agir sob as máximas da ética da convicção – como diz a religião, "o cristão age corretamente e deixa o resultado na mão de Deus" –, *ou* agir sob a ética da responsabilidade, ou seja, quando se age tendo que responder pelas *consequências* (previsíveis) de tal ação. Procurem expor a um sindicalista convencido pela ética da convicção, de maneira ainda mais convincente, que as consequências de seus atos serão o aumento da chance de reação, da repressão de sua classe e a inibição de sua ascensão – e não lhe causará impressão alguma. Se são más as consequências de uma ação oriunda de uma convicção pura, para ele o responsável disso não é o que ele fez e suas ações, mas o mundo, a estupidez das outras pessoas ou até mesmo

Política como vocação e ofício

a vontade de Deus que os criou assim. Já aquele que age sob a ética da responsabilidade, em contraposição, leva em conta justamente os defeitos medianos da humanidade – já que, como Fichte corretamente afirmou, ele não tem direito algum de pressupor sua bondade e perfeição, nem deve se sentir capaz de transferir aos outros as consequências pelos seus próprios atos, na medida em que os possa prever. Ele dirá: "essas consequências são atribuídas aos meus atos". Quem segue a ética da convicção sente-se "responsável" apenas quanto a que não se apague a chama da convicção pura, a chama, por exemplo, do protesto contra a injustiça da ordem social. Atiçá-la sempre novamente é seu fim que, julgado quanto ao sucesso possível, não passa de atos totalmente irracionais que podem e devem ter apenas um valor exemplar.

Mas com isso tampouco o problema chega ao fim. Nenhuma ética do mundo livra-se do fato de que para alcançar os fins "bons" aceitam-se meios eticamente questionáveis ou no mínimo perigosos junto com a possibilidade ou também a probabilidade de consequências colaterais más. E nenhuma ética do mundo pode demonstrar quando e em qual medida o fim eticamente bom "santificam" os meios e as consequências colaterais eticamente perigosas.

Para a política, o meio decisivo é: a violência, e quão grande é, do ponto de vista ético, o alcance da tensão entre meio e fim. Os senhores podem concluir disso que, como todos sabem, os socialistas revolucionários (da tendência dos de Zimmerwalder), já durante a guerra (1914-1918) eram adeptos do princípio que poderia ser formulado sucintamente assim: "Se tivermos que escolher entre mais alguns anos de guerra para ter a revolução ou a paz imediata sem revolução, nossa escolha seria: mais uns anos de guerra!" Se perguntados: "O que essa revolução poderá trazer consigo?", qualquer socialista formado cientificamente responderia que não se trataria de forma alguma de uma passagem a uma economia que seria possível chamar de socialista em *seu* sentido próprio, mas que justamente surgiria uma outra economia burguesa que apenas poderia se despojar de elementos feudais e de restos dinásticos. E para esse resultado modesto, portanto: "mais uns anos de guerra"! É preciso mesmo dizer que, tendo convencimento socialista muito concreto, seria possível mesmo recusar um fim que exige tais meios. Entre os bolchevistas e os espartaquistas, em qualquer tipo de socialismo revolu-cionário, a situação é exatamente essa, e é evidentemente ridículo quando condenam *eticamente* os "políticos do poder" dos regimes anteriores utilizando-se dos mesmos

Política como vocação e ofício

modos – ainda que possa ser completamente justificada a refutação dos *fins* desses políticos.

Aqui, nesse problema da santificação do meio pelo fim, a ética da convicção em geral também parece ter que fracassar. E, logicamente, de fato ela tem apenas a possibilidade de *rejeitar toda* ação que se utiliza de meio eticamente perigoso. É sua lógica. No mundo das realidades, evidentemente renovamos sempre a experiência de que quem segue a ética da convicção repentinamente se converte em um profeta quiliasta, aquele que, por exemplo, prega a "paz contra a violência" apenas para no próximo instante chamar à violência – à *última* violência que levaria ao estado de aniquilação de *toda* violência –, ou mesmo como diziam nossos militares aos soldados em cada nova ofensiva: "será a última, trarão a vitória e com ela a paz". Aquele que segue a ética da convicção não suporta a irracionalidade ética do mundo. Ele é um "racionalista" ético-cósmico. Cada um dos senhores que conhecem Dostoiévski provavelmente se lembram da cena do Grande Inquisidor, na qual o problema é exposto de maneira adequada. Não é possível fazer com que a ética da convicção e a da responsabilidade habitem o mesmo teto, nem mesmo decretar eticamente quais fins devem santificar *quais* meios quando se faz qualquer tipo de concessão a esse princípio.

Meu colega F.W. Foerster, a quem muito estimo pela honestidade inquestionável de suas convicções, mas a quem evidentemente repudio de modo incondicional como político, acredita ter resolvido a dificuldade por meio da seguinte tese, bastante simples: do bem só pode advir o bem e, da mesma forma, só o mal pode advir do mal. É claro que, nesse caso, toda essa problemática não existiria. Mas é espantoso que após 2.500 anos das Upanixades seja possível ainda se avistar uma tese como essa na luz do dia. Não somente todo andamento da história mundial, como também toda comprovação irrestrita da experiência cotidiana diz justamente o contrário. O desenvolvimento de todas as religiões da Terra repousa justamente no fato de que é o oposto que é verdadeiro. O mais que velho problema da teodiceia é sempre a questão: como é que um poder, que se tem como ao mesmo tempo onipotente e bondoso, pôde ter criado um mundo tão irracional como o nosso, um mundo de sofrimento injusto, de injustiça impune e de estupidez incorrigível? Ou esse poder é onipotente, ou é bondoso, ou então a vida rege-se por outros princípios de equilíbrio e compensação, e fica a se discutir se podem ser interpretados pela metafísica ou então se ficam para sempre alheios à nossa capacidade de interpretação. O problema da experiência da irracionalidade do mundo

Política como vocação e ofício 103

foi a força motora do desenvolvimento de todas as religiões. A doutrina indiana do carma e o dualismo persa, o pecado original, a predestinação e o *Deus absconditus* surgiram dessa experiência. Mesmo os antigos cristãos sabiam bem que o mundo é regido por demônios e que quem se envolver com política, quer dizer, com poder e violência como meio, faz um pacto com poderes diabólicos e que quando age *não* é verdadeiro que do bem pode vir somente o bem, e do mal somente o mal, mas geralmente o contrário. Quem não vê isso é de fato uma criança em relação à política.

A ética religiosa sujeitou-se de diversos modos ao fato de que estamos inseridos em diferentes ordens de vida sujeitas a leis diferentes umas das outras. O politeísmo helênico fazia sacrifícios tanto a Afrodite como a Hera, tanto a Dionísio como a Apolo e sabia que eles com frequência entravam em conflito uns com os outros. A ordem de vida hinduísta tornava cada uma das diferentes profissões objeto de uma lei ética particular, de um darma, separando-as para sempre umas das outras em castas, em uma hierarquia rígida da qual alguém que nascesse nela não tinha escapatória a não ser renascer na próxima vida, de modo que cada casta era disposta em diferentes distâncias em relação aos bens supremos da salvação religiosa. Era-lhe possível, então, extrair o darma de cada casta particular, dos ascetas e brâmanes aos pilantras e prostitutas, de modo correspondente às leis próprias de cada profissão. Entre elas também a guerra e a política. Os senhores encontram a ordenação da guerra no todo das ordenações de vida realizada no Bhagavad Gita, no diálogo entre Krishna e Arjuna. "Faça a obra necessária" – como se chama tal ordenação segundo os deveres do darma das castas guerreiras e de suas regras, correspondendo às finalidades da guerra de modo incondicionalmente necessário – o que, segundo essa crença, não prejudica a salvação religiosa, mas, ao contrário, a serve. Ao guerreiro indiano estava predestinado ao céu de Indra quando morria heroicamente, do mesmo modo como Valhala era seguro aos guerreiros germanos. Aquele desprezaria o nirvana, assim como estes o fariam em relação ao paraíso cristão com seus coros de anjos. Essa especialização da ética permitiu à ética indiana um tratamento totalmente inabalável dessa arte de reis, de acordo com as leis próprias da política e até mesmo as intensificando de modo radical. O "maquiavelismo" realmente radical, no sentido popular dessa palavra, está representado de maneira clássica na literatura indiana no Artaxastra de Cautília (bem antes de Cristo, supostamente do tempo de Chandragupta); diante dele, *O príncipe* de Maquiavel é inofensivo. Na ética católica, da qual o Professor Foerster está mais próximo, os *"consilia evangelica"* são, como se sabe, uma ética especial para quem está dotado com o carisma da vida sagrada. Nela, ao lado do monge, que não deve derramar sangue, nem buscar posses, ficam o cavaleiro e o cidadão devotos a Deus, que podem um derramar sangue, o outro buscar posses. A gradação da ética e sua inserção no organismo da doutrina sagrada é menos consequente do que na Índia, e era necessário e obrigatório que fosse assim também segundo os pressupostos da crença cristã. A destruição do mundo pelo pecado capital permitiu com relativa facilidade uma inserção da violência na ética como meio contra o pecado e os hereges que colocavam a alma em perigo. As exigências do Sermão da Montanha puramente acosmísticas segundo a ética da convicção, contudo, e o direito natural religioso nela baseado na condição de exigência absoluta, retiveram sua violência originária, emergindo à superfície em quase todos os tempos de abalos sociais com virulência elementar. Elas criaram especialmente as seitas radicais pacifistas, uma das quais fez um experimento na Pensilvânia de um Estado que renunciara ao emprego externo da violência – um experimento trágico no seu transcurso, na medida em que, quando irrompeu a guerra de independência, os Quakers estavam incapacitados de pegar em armas pelos seus ideias que a guerra representava. Já o protestantismo, em sua normalidade, ao contrário, legitimou, de maneira absoluta, o Estado, ou seja, o meio da violência, como uma instituição divina, e o fez especialmente com o Estado autoritário. Lutero retirou a responsabilidade ética pela guerra dos indivíduos, transferindo-a à autoridade, que até então nunca podia ser culpada pela obediência senão em assuntos de fé. O calvinismo voltou a reconhecer primariamente a violência como meio para a defesa de fé, e estamos falando aqui da guerra santa que era um elemento de vida do islamismo desde seu início. Logo se vê: *não* é absolutamente da descrença moderna, nascida nos cultos aos heróis durante a Renascença, que se levanta o problema da ética política. Todas as religiões lutaram contra isso, com os mais diversos resultados – e, pelo que foi dito, também não poderia ser diferente. O meio específico da *violência legítima* puramente como tal na mão de associações de pessoas é o que causa a particularidade de todos os problemas éticos da política.

Quem compactuar sempre com esse meio, seja para qual fim – e todo político faz isso –, fica sujeito às suas consequências específicas. Em especialmente alta medida aquele que luta na guerra santa, seja a guerra santa religiosa, seja a revolucionária. Tomemos sem receio o

Política como vocação e ofício 107

presente como exemplo. Quem quiser produzir a justiça absoluta na terra com *violência* precisará da comitiva: o "aparato" humano. Diante dos olhos deles deve colocar e prometer os prêmios necessários internos e externos – uma remuneração celestial ou terrena –, ou então isso não irá funcionar. Os prêmios internos: sob as condições da luta de classes modernas, satisfação do ódio e da vingança, e sobretudo do ressentimento e da necessidade pseudoética de ter razão, ou seja, da necessidade de difamar e denunciar seu oponente. Os prêmios externos: aventura, vitória, espólios, poder e prebendas. O líder depende completamente do sucesso do funcionamento desse seu aparato. Assim, ele é dependente das motivações *deles* e não apenas das suas próprias. Depende, portanto, que à sua comitiva – guarda vermelha, informantes, agitadores, e quem mais for preciso – possa ser concedida tais premiações *de modo duradouro*. O que ele de fato conseguir sob tais condições de sua atuação não fica, assim, em sua mão, mas é-lhe prescrito pela preponderância de motivos eticamente infames da ação de sua comitiva, e só se manterá as rédeas sobre ela enquanto animar ao menos uma parte deles com fé honesta em sua pessoa e em sua causa, mesmo se nunca é a maioria que recebe o prometido na Terra. Ocorre que não apenas essa fé, mesmo onde é subjetivamente honesta, é em grande parte dos casos na verdade a "legitimação" da ânsia por vingança, poder e espólios (e não nos deixemos enganar quanto a isso, pois a interpretação materialista da história não é um fiacre que pode se tomar de modo arbitrário, não se detendo simplesmente para os promotores das revoluções!), mas, sobretudo, é o *cotidiano* tradicional que volta após a revolução emocional, e o herói da fé e a própria fé desaparecem ou – o que é ainda mais efetivo – se tornam parte constituinte das formulações convencionais dos filisteus e técnicos políticos. Esse desenvolvimento se consuma de forma especialmente rápida justamente nas guerras santas, uma vez que ela costuma ser conduzida ou inspirada por *líderes* autênticos – profetas da revolução. Pois como em qualquer aparato do líder, aqui também uma das condições do sucesso é a purgação e a coisificação, a proletarização espiritual em interesse da "disciplina". A comitiva que se torna dominante de um líder de uma guerra santa costuma, assim, muito facilmente degenerar em uma camada de prebendados ordinários.

Quem quiser fazer política em geral ou como profissão deve estar consciente de paradoxos éticos como esse e de sua responsabilidade por aquilo que pode vir *de si mesmo*, quando estiver sob pressão deles. Terá

Política como vocação e ofício

que se envolver, repito, com os poderes diabólicos que se espreitam em toda e qualquer violência. Os grandes virtuoses acosmistas do amor ao próximo e da bondade podem ter procedências de Nazaré, de Assis ou dos palácios reais indianos, mas não trabalharam com o meio político – a violência –, seu reino "não era desse mundo", mesmo que tenham atuado e continuem atuando nesse mundo, e personagens como Platão Karataev, do romance *Guerra e paz* de Tolstói, e os santos dostoievskianos continuam sendo suas reconstruções mais adequadas. Quem busca a salvação da alma, sua e alheia, não faz essa busca pela via da política, cujas tarefas são outras: as que apenas com violência podem ser resolvidas. O gênio, ou o demônio, da política vive em tensão interna com o Deus do amor e com o Deus cristão em sua configuração eclesiástica, e a qualquer momento essa tensão pode eclodir em conflito insolucionável. Disso já sabiam as pessoas ainda nos tempos em que a igreja dominava. Repetidas vezes ocorria o interdito papal em Florença – e isso significava então um poder muito mais massivo para as pessoas e sua salvação espiritual do que (para falar com Fichte) a "fria sanção" do juízo ético kantiano –, seus cidadãos, contudo, continuavam combatendo os Estados da Igreja. E em relação a essas situações, Maquiavel, se não me engano em uma bela passagem das histórias florentinas, faz com que um de seus heróis elogie aqueles cidadãos, para os quais a grandeza da sua cidade natal, da sua pátria, é maior do que a salvação da alma.

Se os senhores, em vez de dizerem cidade natal ou "pátria", o que hoje em dia pode já não ter mais o sentido inequívoco de outrora, disserem "o futuro do socialismo" ou o "contentamento internacional", então verão como o problema assume sua forma atual. Pois a "salvação da alma" veicula tudo isso que é aspirado pela ação política que trabalha com meios violentos e por meio da via da ética da responsabilidade. Quando isso, contudo, é perseguido puramente segundo a ética da convicção como em uma guerra santa, então esses fins podem sofrer danos e serem desacreditados por gerações, já que nesse caso fica faltando a responsabilidade pelas *consequências*. Pois, então, tais poderes diabólicos que estão em jogo permanecem inconscientes ao agente. São inexoráveis e produzem consequências para suas ações, até mesmo para ele e seu próprio interior, às quais ele fica entregue, desamparado, se não as enxerga. "O diabo, aquele velhaco", e não são aos anos, nem à idade, a que esta frase se refere: "envelheça para o compreender". Nunca deixei me intimidar com a data da certidão de nascimento; mas o simples fato de que

Política como vocação e ofício

alguém tenha 20 anos e eu mais de 50 também não me pode induzir a achar que isso por si só seria uma proeza pela qual eu deveria inspirar respeito. Não é a idade que faz isso. Mas, sobretudo: a intransigência culta de olhar nas realidades da vida, e a capacidade de suportá-las e de estar internamente à altura delas.

É verdadeiro que a política é feita com a cabeça, mas está mais do que certo que não é *só* com a cabeça. Aqueles que seguem a ética da convicção estão absolutamente certos quanto a isso. Mas não se pode prescrever a ninguém se ou quando se *deve* agir pela ética da convicção ou pela ética da responsabilidade. Só se pode dizer uma coisa: se agora nesses tempos de agitação *não* "estéril", como os senhores acreditam (embora agitação não seja justa e completamente sempre paixão autêntica), quando nesses tempos, pois, um político que trabalha com convicções alardear *de repente* aos quatro ventos palavras de ordem como: "o mundo é estúpido e cruel, mas eu não; a responsabilidade pelas consequências não cabe a mim, mas aos outros para quem trabalho, e sua estupidez e crueldade será eu que irei extirpar", então direi abertamente que pra começar eu queria saber qual seria a *medida desse peso interior* que se esconde atrás dessa ética da convicção, e tenho a impressão que em nove de dez casos não passam de recipientes cheios de vento que não percebem realmente o que estão fazendo, inebriados que estão com sensações românticas. Esse tipo de gente me interessa pouco e me comove menos ainda. Ao mesmo tempo, é comovente quando uma pessoa *madura* – seja jovem ou velho – que sente essa responsabilidade pelas causas de modo real e com toda sua alma, agindo pela ética da responsabilidade, diz em determinado ponto: "não sou capaz de fazer de outra maneira, desse ponto não passo". Isso é algo humanamente autêntico e comovente. Pois essa situação claramente deve *poder* surgir para *cada* um de nós que não esteja internamente morto. Nessa medida, a ética da convicção e a ética da responsabilidade não são opostos absolutos, mas elementos complementários que somente juntos fazem que uma pessoa seja autenticamente humana, e que, assim, *possa* ter "vocação para a política".

E, estimados ouvintes, falemos desse ponto novamente daqui a *dez anos*. Se, como devo temer, por toda uma série de razões, a época da reação há tempos tiver irrompido e pouco daquilo que certamente muitos entre os senhores, e como sempre confesso, eu também, desejamos e esperamos, ou talvez não exatamente nada, mas ao menos aparentemente pouco, tiver se realizado (o que é bem provável, e saber disso não me destrói, embora evidentemente seja um peso interior), então desejaria

Política como vocação e ofício

ver em que cada um dos senhores que agora se sentem como autênticos "políticos convictos" que participam da embriaguez que significa essa revolução – então gostaria de saber em que essas pessoas terão se "tornado", no sentido íntimo da palavra. Seria belo se as coisas fossem como no soneto 102 de Shakespeare:

> *Our love was new, and then but in the spring,*
> *When I was wont to greet it with my lays;*
> *As Philomel in summer's front doth sing,*
> *And stops her pipe in growth of riper days[2].*

Mas as coisas não são assim. O florescer do verão não está à nossa frente, mas uma noite polar de trevas e dureza de ferro, vença agora qual grupo que for. Pois onde não há nada, não apenas o imperador, mas o proletariado perde seu direito. Quando essa noite se dissipar lentamente, quem entre eles ainda irá estar vivo, aquele cuja primavera floresceu hoje aparentemente com tanta exuberância? E em que terão se tornado, no íntimo, os senhores? Cairão na amargura ou no filistinismo, ou

---

2 Weber citou uma tradução em alemão. Aqui, uma versão não metrificada em português que leva em conta o alemão "original": "nosso amor era jovem na primavera, então, quando o saudava a cada dia com meus versos, como o rouxinol que canta ao florescer do verão – e interrompe seu tom à espera de dias mais maduros" [N.T.].

simplesmente aceitarão apaticamente o mundo e a profissão, ou ainda, uma terceira e não rara opção: seguirão por uma fuga mística do mundo com os que têm o dom para tanto ou os que se apressam a seguir a moda (o pior e muito comum)? Tiro as consequências de cada um dos casos: cada uma dessas pessoas *não* estiveram à altura de seus próprios atos, *não* estiveram à altura do mundo tal como ele é efetivamente, e de seu cotidiano: eles não tinham a vocação para a política (objetivamente e de fato no sentido íntimo), mesmo acreditando possuí-la para si e em si. Poderiam ter feito melhor se tivessem simplesmente cultivado a fraternidade humana e trabalhado a cada dia de modo puramente objetivo.

A política significa uma lenta e consistente perfuração de tábuas rígidas, com paixão e igual senso de proporção. É completamente correto e todas as experiências históricas o comprovam que não teria se atingindo o possível se não se apontasse no mundo sempre novamente ao impossível. Mas quem pode fazer isso precisa ser um líder, embora não só, precisa ser também – em um sentido bastante singelo da palavra – um herói. E mesmo aqueles que não são nem uma coisa, nem outra, precisam se armar com a solidez do coração que esteja à altura até mesmo da frustração de todas as esperanças, e desde já, ou então não serão capazes de realizar o que é possível hoje. Somente quem estiver seguro que não irá se quebrar quando o mundo, visto do seu ponto de vista, se mostrar estúpido ou cruel demais para aquilo que ele pode lhe fazer frente, somente quem perante tudo isso puder dizer "apesar de tudo!", somente essa pessoa tem a "vocação" para a política.

LEIA TAMBÉM:

A ética protestante
e o espírito do capitalismo

Max Weber

Essa obra escrita por Max Weber e traduzida por Tomas da Costa trabalha a concepção de que para ser bem-sucedido e ser devoto a Deus é algo complexo e contraditório, pois o capitalismo gera acúmulo de riquezas, enquanto gerando diferenças sociais.

Weber entra na concepção de Lutero na busca do sentido da vida, discorrendo sobre entender o "ser empreendedor" e ter posses, e ainda assim ser um homem de Deus, com ética, mesmo vivendo no sistema capitalista.

O autor discorre sobre o "ser ascético" – uma vida religiosa voltada a Deus, e ainda assim a sua busca por riquezas e acúmulo de capital. Como sua ascensão profissional afeta seu estilo de vida, a questão para o autor é: "É possível viver uma vida ascética? Como?" Esse livro vem para abordar esta questão.

Os grupos do protestantismo ascético assumiram uma forma de vida que uniu o que é chamado de mundano com a vida ascética, dando ao capitalismo uma nova forma de viver e de ser compreendido.

A ascese capitalista será a forma como irão resolver as questões abordadas anteriormente, utilizando a teologia da prosperidade para justificar um novo estilo de vida. Surgirá um novo caráter tanto nacional quanto espiritual, criando um novo ramo para o protestantismo.

Conecte-se conosco:

 facebook.com/editoravozes

 @editoravozes

 @editora_vozes

 youtube.com/editoravozes

 +55 24 2233-9033

www.vozes.com.br

Conheça nossas lojas:

www.livrariavozes.com.br

Belo Horizonte – Brasília – Campinas – Cuiabá – Curitiba
Fortaleza – Juiz de Fora – Petrópolis – Recife – São Paulo

EDITORA VOZES LTDA.
Rua Frei Luís, 100 – Centro – Cep 25689-900 – Petrópolis, RJ
Tel.: (24) 2233-9000 – E-mail: vendas@vozes.com.br